河出文庫

明治維新　偽りの革命
教科書から消された真実

森田健司

河出書房新社

明治維新　偽りの革命　目次

第五章　最大の思想的問題「攘夷」の行方

明治維新　偽りの革命――教科書から消された真実

はじめに　「江戸の世」の無念を晴らす

重い年貢と、固定された身分による差別。悪しき封建制度によって、生まれながらの権利を奪われていた庶民たちが、遂に解放される時がきた。それこそが、「明治維新」である。日本は、新たに確立された先進的な明治政府の導きによって、西洋列強と同じ、「近代」という輝かしい時代に突入することになった——。

少し、表現が大袈裟だったかも知れない。だが、概ねこのような内容の「明治維新＝近代を招来する革命」観は、明治初年からほんの少し前まで、大きな批判を受けることもなく、普通にまかり通っていた。そして、それは明治の世を称揚すると同時に、江戸時代を徹底的に糾弾するものだった。「旧き悪しき江戸時代を克服して、希望あふれる明治の世になった」という見方である。

しかし、このような歴史観は、適切なものと捉えてよいのだろうか。

幕府の医官を務めた桂川甫周（一七五一～一八〇九）の次女、今泉みね（一八五五～

一九三七）の口述をまとめた『名ごりの夢』は、幕末の実相を知ることのできる畢竟の名著である。この書の東洋文庫版（一九六三）には、詩人の金子光晴（一八九五～一九七五）による丁寧な解説が添えられているが、そこには次のような言葉がある。

> 明治になってから教育をうけたものは、新しい支配者の一方的な強引なアイディアで、一つの鋳型に嵌められ、選択の自由より以前に、選択の方向がきめられているといったわけであった。僕らが育った『聖代』とは、そういう時代だったのだ。どこの革命政権でも、それは同断だ。新政府に加担する学者たちは、歴史をいつも一方におしまげる。
>
> ——金子光晴「解説」、今泉みね『名ごりの夢』（東洋文庫）所収

明治に学校教育を受けた金子は、こう証言している。つまり、明治維新を「正しい革命」と主張し、それ以前の江戸時代に批判を加えたのは、御用学者たちだったというのである。そうであれば、真の黒幕は、明治新政府だったのだろうか。

実際に史料を調べてみると、確かに新政府は、いわゆる「イメージ戦略」に力を注いでいたことがわかる。自分たちが正しい存在であるということを、多くの学者を使って、「証明」し、「喧伝」したようである。それは逆にいえば、新政府が、実際は庶民の多くから嫌われていたからだろう。好かれていた政権に、「イメージ戦略」は不要である。

本書は、この「明治政府」の真の姿を、幕末や戊辰戦争（一八六八～六九）、それに対する庶民の反応、そして当時を代表する人物たちの発言や行動を用いて、浮き彫りにしようとするものである。その際に用いられる方法は、多分に思想史学的である。具体的な出来事以上に、関心を人の「内面」に集中させた。

これは、私が思想史学を専門としていることからであると同時に、道徳や価値観といったファクターによって、幕末・明治期を考察することに、極めて大きな意義があると考えてのことである。

それでは、以下、簡単に本書の構成を紹介しておきたい。

まず、第一章においては、主に戊辰戦争に対する庶民の反応を確認していく。その際に検討する史料は、瓦版や錦絵である。特に、慶応四年（一八六八）に大量に版行された風刺錦絵を、じっくり眺めていきたい。そこからは、庶民の情報収集力や、彼らが誰の味方だったのか、そしてそれはなぜなのかを、知ることができるはずである。

第二章では、新政府に敵対した人々の運命をたどってみたい。もちろん、着目したいのは、彼らを動かした思想である。薩長は、鳥羽・伏見の戦いで天皇の威光を利用して、旧幕府側の中心藩たちを「朝敵」とした。そして、恭順した藩を自軍に取り込み、雪だるま式に大きくなっていく。会津藩の悲劇や、様々な意味で旧幕府軍最強だった庄内藩の活躍についても、ここで取り上げる。

続く第三章では、旧幕府軍を代表する人物たちが戊辰戦争期にどのような思いを抱き、どのような行動をみせたのかを確認し、それによって新政府の真の姿を逆照してみたい。登場するのは、江戸を救った「幕末の三舟＝勝海舟・山岡鉄舟・高橋泥舟」に加え、戊辰戦争を最後まで戦った榎本武揚と、最後の将軍だった徳川慶喜である。

第四章では、以上の内容を踏まえた上で、新政府がどのように「明治維新＝近代を招来する革命」観を完成させたのか、考えてみたい。ここでは「維新の三傑＝西郷隆盛・大久保利通・木戸孝允」や伊藤博文が登場するが、「イメージ戦略」を知る上で最重要なのは、やはり西郷隆盛である。西南戦争で散った「破壊の専門家」が、親しみやすい「上野の西郷さん」に変わっていく様は、明治政府の「イメージ戦略」の巧みさを教えてくれるものだろう。

最後の第五章は、明治維新に関わる思想的問題として、最も重要な「攘夷」について論じたものである。攘夷を掲げて政権を奪取した新政府は、開国和親の路線を探ることとなるが、果たして当初の理念はどこに行ってしまったのか。これを考えるため水戸学やその源流となった国学に触れた後、「維新の陰の功臣」玉松操や、「反新政府の急先鋒」雲井龍雄などをみていく。また、攘夷事件として取り上げられることの多い、神戸事件と堺事件にも言及した。最後に、このテーマを論じる上で避けて通れない、「国学の巨人」大国隆正の思想を俎上に載せている。

当然だが、歴史観に「正解」はない。本書が提示する歴史観も、明治新政府が作り上げたそれと同様に、あくまで一つの例でしかないというべきだろう。しかし、私は前者にあって後者にないものを、欠くべからざるものだと考えている。それは、他ならぬ「歴史の連続性」である。

江戸時代を手放しで称揚するのは危険だろう。しかし、あの二百六十五年間が、高く評価すべき実績を残したということは、どのようにしても否定できない。その中で最も重要なものは、平和であり治安のよさであり、それらを支えた道徳である。私は、この江戸時代に作られた道徳を、しっかりと考え直すに値するものと信じている。

一方的に叩かれ、寂しく散った江戸の世。本書に課した仕事の一つは、その無念さを、わずかでも晴らすことである。

＊日付に関しては、明治五年（一八七二）まではすべて旧暦、明治六年（一八七三）以降は新暦としている。人物の年齢は数え年とした。また、藩名の後の括弧に入れている現在の地名は、藩庁が置かれていた場所である。なお、本文中の引用文には適宜読みがなを追加した。

第一章　新政府軍の暴挙と庶民の反応

第一節　無法の新政府軍

消し去られた「江戸庶民の思い」

慶応四／明治元年（一八六八）は、日本の歴史の中でも特別な意味を持つ年である。実に二百六十年以上もの間、日本を統べてきた徳川家が朝廷に政権を返上したのが、この前年の十月十四日のこと。それから僅か二ヶ月半ほど後の一月三日、まるで武家政権葬送曲のように、激しくも滑稽な戦が行われる。鳥羽・伏見の戦いである。これが、長きにわたる戊辰戦争の始まりだった。

日本を旧幕府軍と新政府軍に二分した戦いは、京都で始まって、主戦場を東に移していった。もちろん、押されたのは旧幕府軍である。そして二ヶ月ほど後には、旧将軍のお膝元、江戸周辺にも新政府軍が到達した。

この状況に対し、江戸の庶民はどう反応したのだろうか。もし新政府軍が自分たちの

「味方」であると思っていたならば、江戸の庶民は彼らを歓迎したはずである。新政府軍が、幕府によって抑圧されていた自分たちを「解放」してくれると考えていたならば、彼らの快進撃は庶民にとっての希望の光となったことだろう。

しかし、事実はその逆である。江戸の庶民たちの中で、新政府軍は不人気極まりなかった。江戸の庶民は、旧幕府軍の勢力挽回（ばんかい）を祈り、新政府軍が自分たちの町から姿を消すよう願った。

近代的な政治体制を作り上げ、人々に「自由・平等・博愛」をもたらしたのが明治新政府なのだとする常識からすると、江戸の庶民による反応は、なんとも意外に思われる。一体なぜ、新政府軍は嫌われていたのだろうか。

その答えは、おそらく「正史」から消し去られたところにある。

平和な江戸に生きる庶民

昭和三年（一九二八）は、戊辰戦争のあった慶応四年の、次の「戊辰」の年にあたる。この年の暮れから、『東京日日新聞』において、戊辰戦争に関する記事が連載された。それは、実際に戊辰戦争を体験した人々のインタビューに基づいて書かれたものだった。戊辰戦争開始から六十年が経過したこの頃、まだ実際にあの戦乱を体験した人々が健在だったのである。

この記事をまとめた『戊辰物語』には、次のような興味深い話が載っている。

高村光雲翁の話によると、殊に町人などは呑気なもので、朝湯などで、流し場へ足をなげ出して、手拭を頭の上へのせながら、「近い中に公方様と天朝様との戦争があるんだってなア」というような話でも仕合う位のものである、これから、どうしようなどというような考えなどは持つ者もなかった。

——東京日日新聞社会部編『戊辰物語』（岩波文庫）

これは、戊辰戦争の前年、慶応三年の話である。当時の江戸の庶民たちは、銭湯での朝湯が大好きだった。社交場ともなっていたそこで、近々起きそうな戦のことも話題に上ったようだが、この口振りでは、まるで遠い国の話のようである。

そう、江戸の庶民たちは、この戦を大きな問題ととらえていなかった。その背景には、江戸幕府への揺るぎない信頼があったようである。開港によって引き起こされた物価の異常な高騰という事態は、庶民を大いに苦しめたが、それでも幕府そのものへの批判に直結することはなかった。

江戸の人々の精神性と、幕府への思いをわかりやすく教えてくれる話も、『戊辰物語』には掲載されている。

戊辰の正月は将軍様が江戸にいないというので自然門松なども小さ加減で淋しい。この時分の職人気質で、押し詰まってこつこつやっている者はしみったれだといっていやがったから、仕事師のような出職(でしょく)ものは書入れだけれども、一般居職(いじょく)の者は二十五日頃にはさっぱりと切り上げて、早めに月代(さかやき)などを剃(そ)ってきれいになって正月の来るのを待っている。

——同書

彼らには、「江戸っ子」という強烈な自負心があり、それは幕府の存在あってのことだった。将軍が江戸を留守にしているので、門松が小さく淋しい、などという感想は、それを前提としなければ理解ができないものである。

そして江戸の庶民の多くは、様々な問題はあっても、幕藩体制そのものを別の何かに取り替えるべきだとは、一切考えていなかった。決して豊かではなかったが、文化的生活が営めないほどに貧窮することもない。だから、師走は二十五日で「仕事納め」にできたのである。

それでは、江戸の庶民が幕府を評価した一番の理由は何だろうか。疑念の余地すらなく、答えは「平和」だったことである。これは、江戸という町に限ったことではない。他の地方に住む多くの庶民にとっても、平和で、治安のよいことが、幕府を支持する根拠だった。

薩摩藩のテロリズム

時間を少し戻そう。徳川慶喜が大政奉還を申し出た慶応三年の秋頃から、江戸市中では、長らく高い水準で維持されていた治安が急激に悪化した。具体的にいうと、集団強盗が頻発したのである。狙われたのは豪商や名主たちで、その野蛮な行いは「勤王」を口実としていたことが特徴だった。

この時期に強盗に狙われた町は、江戸市中に限らず、関東一円に広がっていた。果たして、彼らは何者だったのだろうか。

結論から述べると、この盗賊たちのバックにいたのは薩摩藩（現・鹿児島県鹿児島市）だった。大政奉還によって、武力による倒幕、すなわち討幕の口実を失った薩摩の志士たちは、江戸をはじめとする関東の治安を悪化させることによって、民衆の中に不安を生じさせようとしていたのである。こうすれば、危機感を持った幕府が自分たちを制圧するため、武力を行使するのではないかと目論んでのことだった。

この計画のために江戸に派遣されたのは、相楽総三（一八三九～六八）や益満休之助（一八四一～六八）、伊牟田尚平（一八三二～六八）らで、三田（現・東京都港区三田）の薩摩藩邸を拠点としていたことから、「薩邸浪士隊」とも呼ばれている。彼らを江戸に派遣することを決めたのは、薩摩藩の西郷隆盛（一八二八～七七）や大久保利通（一八三〇～七八）、公家の岩倉具視（一八二五～八三）である。西郷は後にテロ中止を命じるが、そもそも彼らのような無法者を江戸に放てば、無関係の人々を傷付けたり彼らの私財を奪ったりすることは、容易に想像できたはずである。

この薩邸浪士隊による江戸攪乱工作は、浪士取締を担当していた庄内藩（現・山形県鶴岡市）新徴組による薩摩藩邸焼き討ちという結果に繋がる。それによって薩摩側に戦の理由が生まれ、目論見は見事に成功した。しかし、数々の犯罪行為によって、江戸の民衆の中に、薩摩に対する否定的な感情が沈潜したのも確かである。

しかも、薩摩藩邸焼き討ち以降も、江戸では集団強盗が絶えなかった。一度犯罪に手を染めた浪士たちは、政治的な意味を失った後も、真面目に働くなど馬鹿らしくてできなかったのだろう。

前掲の『戊辰物語』には、浪士たちが起こした次のような事件が紹介されている。慶応四年の春、椎名町（現・東京都豊島区長崎）にあった八郎兵衛の邸宅に、六人の男がやってきた。もちろん普通の客人ではない、彼らは全員、白鉢巻に白襷で、手には抜身の刀を持っていた。男たちは、まず金を奪った後、存分に飯を喰らい、満足すると奥の間に入り込んで昼寝を始めたという。豪胆というより、随分と手馴れた感のある連中である。

このことを知った近隣の百姓たちは、八郎兵衛の家の前に集結し、結果として六十人ほどが取り囲んだ。彼らは皆、竹槍で武装し、賊が出てくるのを今か今かと待った。しばらくして、ゆっくりと出てきた六人は、集結した人々を見渡してにやにや笑い、唐突に、近くにいた一人の百姓の頭を刀で割ったという。

これに恐怖した百姓たちは一度は逃げ出したが、それでも大半は戻ってきて、悠然と歩みを進める賊たちを取り囲んだ。長く続いた雨で、道はぬかるんでいる。案の定、賊たちは足を滑らせ、その機会に百姓たちは全力で襲い掛かった。しかし、さすがに百戦錬磨の賊たちである。大人数をもってしても、捕まえることができたのは一人だけだった。

この捕まった一人は、どうなったのだろうか。役人に引き渡されるまでもなく、百姓たちに叩き殺されてしまったというのである。「新政府軍、憎し」という江戸の庶民の思いは、このような単なる無法者の行いも含んだ、薩摩藩主導のテロに基づいている。そしてその感情は、新政府軍が江戸を「支配」し始めてから、更に強められていく。

増長する新政府軍

新政府軍は、江戸にやってきてすぐに、大手を振って町を歩けたわけではない。江戸には、幕府存続を支持する佐幕派の武士がまだたくさんいた。特に、彼らの天敵ともいうべき存在となったのが、江戸城無血開城後に結成された「彰義隊(しょうぎたい)」である。

この名は、幕臣の阿部弘蔵(こうぞう)（生没年不詳）の発案によるもので、「大義を彰(あき)らかにする」という意味が込められていた。そこに、自身に敵対する「新政府軍に義はない」という主張を読み取ることは容易である。新渡戸稲造(にとべ)（一八六二～一九三三）の『武士道』（一八九九）で説かれている通り、武士道において「義（rectitude）」は最も上位に位置する徳目だった。

しかし、江戸における新政府軍は、日ごとに勢いを増していく。いや、正確には増長していった。軍とは名ばかりで、そのほとんどがただの無法者だった彼らは、官軍であることを笠に、私利を私欲で追い求めたのである。『戊辰物語』にはまた、当時彼らが江戸で何をしていたか、その証言が記録されている。

官軍も詰まらないいいがかりをつけてよく町人を斬った。抜き身で二町も三町も追いかけられて余りこわいので知らない家へ飛び込むと、それなり玄関で絶命したなどという話はざらにある。肩へ錦(にしき)の布(きれ)をつけているので「錦(きん)ぎれ」と呼び、いったいにひどく毛嫌いした。

——同書

新政府軍のこのような振る舞いに、「正史」は全く触れることがない。彼らが、普通に生活していた庶民を斬殺し、そして罪にも一切問われることがなかった事実は、闇に葬られてしまったのである。

明治以降、江戸時代の武士は「無礼討ち」と称して、庶民を斬ったことが喧伝された。武士は野蛮な存在で、そのような人々によって統治されていた江戸時代は、「旧き悪しきもの」であると教え込むためである。

だが実際には、江戸時代の武士が、個人の勝手な感情だけで庶民を斬ることなど、例外中の例外だった。無礼討ちは、武士の名誉が極限まで傷つけられたときにのみ、行われるものだった。むしろ新政府の方こそが、「犯罪者」を多く抱えて出発したものであることを、記憶しておく必要がある。この犯罪とは、もちろん現代の基準ではなく、当時の法の下で、そのように判断される行為である。

なお、新政府軍の軍人たちは、先の「錦ぎれ」を肩に付けていた。鳥羽・伏見の戦いで活躍した「錦の御旗」と同じく、自分たちこそが「天皇の軍である」と示すためのものである。「錦ぎれ」は新政府軍の象徴であり、だから江戸の庶民に大いに嫌われた。

「錦ぎれ取り」に喝采

やりたい放題の新政府軍に対し、江戸の庶民は全く無抵抗だったわけではない。あるとき、この「錦ぎれ」を片っぱしから剝ぎ取る、「隼のような男」が現れたのである。これには江戸中、大喝采だった。新政府軍は当然、この男を血眼で追ったが、なかなか捕まらなかったらしい。しかし、隼のようなこの男が、いかに俊敏であっても、いつまでも逃げ続けられるものではなかった。

そのうちとうとう神田の筋違い見附（万世橋）で捕えられた。懐中に五十幾枚持っていて江戸っ子の胸のすくような大きな啖呵を切ってそこで斬られてしまった。

――同書

ところが、これで「錦ぎれ取り」は終わらなかった。新政府軍の天敵である彰義隊にも、これを行う者が現れたのである。剣術に覚えのある岡十兵衛（生没年不詳）がそうで、新政府軍に出会えば、必ず「錦ぎれ取り」を行ったという。江戸の民衆は彼の活躍に熱狂し、どこで「錦ぎれ取り」があったのか、毎日話題に上ったらしい。

江戸で大いに支持された彰義隊だが、彼らにも終わりの日がくる。慶応四年（一八六八）五月十五日、長州藩（現・山口県山口市）の大村益次郎（一八二五〜六九）率いる新政府軍が、彰義隊を殲滅したのだった。いわゆる、「上野戦争」である。戦の時間は、同日午前四時頃から、午後二時頃まで。つまり、わずか十時間程度である。新政府軍勝利の決め手となったのは、佐賀藩（現・佐賀県佐賀市）が所持していた最新鋭のアームストロング砲だった。屈強な彰義隊を以ってしても、最新の軍備に打ち勝つことはできなかった。

それでは、彰義隊が江戸から消えた後、遂に庶民は新政府軍に屈服したのだろうか。全くそんなことはない。彼らは、戊辰戦争の行方を見守り、会津藩（現・福島県会津若松市）、庄内藩をはじめとする旧幕府軍の巻き返しを祈った。その心情は、当時数多く発行された「風刺錦絵」に、見事に刻まれているのである。

第二節　庶民の思いを表した風刺錦絵

江戸後期の風刺錦絵

突然の暴力で、平穏な日常を奪われた名もなき江戸の庶民たち。戊辰戦争に対する彼らの思いを知りたければ、同時期に発行された数々の「風刺錦絵」を眺めるのが一番である。

ところで、江戸時代においては、庶民が社会に対する批判や風刺のようなことを表立って行うのは、ほとんど不可能だった。もしそういった行為が発覚すれば、瞬時に捕縛され、場合によっては命までも奪われるからである。江戸の庶民に、我々がいうところの「表現の自由」はない。

だから、どうしても社会に対して声を上げたい場合は、匿名性が担保された落首(らくしゅ)や落書(らくしょ)によるのが普通だった。奔放な表現が行われたと思われがちな、当時の瓦版においても、体制批判に類する内容のものは全く存在しなかった。

この状況に一石を投じたのが、不世出の浮世絵師、歌川国芳(くによし)(一七九八〜一八六一)である。彼が天保十四年(一八四三)に版行した「源頼光公館土蜘作妖怪図(みなもとらいこうやかたつちぐもようかいをなすず)」は、平安時代中期の武士たちと異形(いぎょう)の妖怪を描いているようでいて、実は「天保の改革」(一八三〇〜四三)に対する強烈な批判を込めたものと解されている。家紋をはじめ、わかる人にはわかる符号をちりばめたこの傑作は、当時、驚異的な売り上げを記録した。「源頼光公館土蜘作妖怪図」以外にも、国芳は幕府の禁令を嘲笑(あざわら)うかのような、挑発的な絵を数多く版行した。彼以上に「反骨の絵師」と呼ばれるのに相応しい人物は、他にいないだろう。

ただし、国芳の風刺画は全て、「源頼光公館土蜘作妖怪図」と同様の、いわゆる「判じ絵」である。江戸時代の庶民は、「判じ物」が大好きだった。判じ物とは、作成者が文字や絵画に特定の意味を隠し、鑑賞者にそれを当てさせるようにしたもののことである。国芳による社会風刺の浮世絵は、この判じ物の絵、つまり「判じ絵」の一つの到達点だった。

戊辰戦争の錦絵は、国芳の精神を正しく受け継ぐものであり、実際、彼の門下の絵師たちによって描かれたものも多かった。それら風刺錦絵は、江戸における慶応四年（一八六八）のベストセラー商品だった。

しかし、江戸時代の文化的豊かさは、江戸という町に限定されたものではない。日本全国、様々な町で、多様な個性を持つ豊かな文化が花開いたのである。だから、江戸の風刺錦絵を眺める前に、戊辰戦争がまさに開始された地、つまり上方(かみがた)の庶民の思いから探ってみたい。

鳥羽・伏見の戦いと「判じ絵」

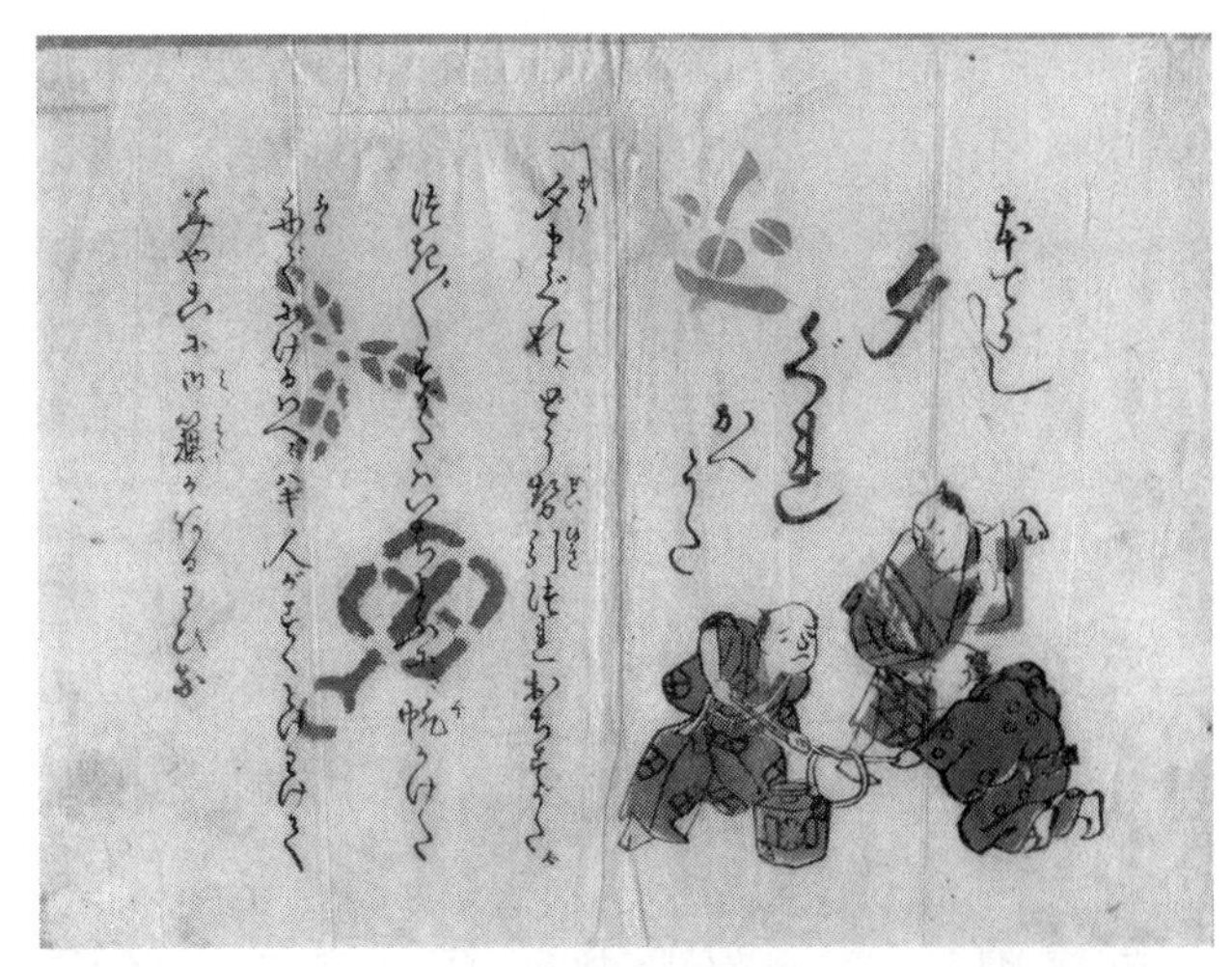

図1　瓦版「本調子夕暮れ替え歌」（慶応四年版行、著者所蔵）

ここで、江戸時代における「江戸と上方の文化的相違」を、厳密に考える余裕はない。それでも一点だけ指摘しておくと、現代と同じく、上方は笑いに敏感で貪欲だった。特に、商人の町である大坂（大阪）はコミュニケーションの潤滑油として笑いのセンスが求められ、結果として文化全般にそれが浸透した。「何でもランキング」とでもいうべき「見立番付」は、江戸の町で活発だったと思われがちだが、実際には上方での版行数が圧倒的に多かったのである。

しかし、両地方で共通する要素もあった。それは例えば、判じ物が好きな点である。ここに掲載した瓦版「本てうし夕ぐれかへうた

（本調子夕暮れ替え歌）」（図1）は、鳥羽・伏見の戦いの後、上方で版行された。当時人気のあった「夕暮れ」（嘉永二年刊行の『大会吾妻諷』所収）という流行歌の詞を替えて、戦を風刺した内容である。

この瓦版で重要なのは、歌詞の内容そのものではない。注目したいのは、これが明らかに「判じ絵」になっていることである。達者とは評せない画力で描かれた人物たちの、着物を確認してもらいたい。三人のうち、一番左の男性の着物の柄は、島津氏の家紋（丸に十字）にみえる。同様に、一番右の男性の着物は、毛利氏の家紋（一文字に三つ星）のようである。つまり、彼らはそれぞれ、薩摩藩と長州藩を示している。

また、真ん中にある膳には、「菊花紋」が描かれている。これは、朝廷（天皇）を表しているのである。歌詞のバックにも、土佐藩（現・高知県高知市）の山内氏の家紋（三つ細柏）などが確認でき、本瓦版は国芳の伝統に則った「判じ絵」であることがよくわかる。

流行歌の替え歌、あるいは浄瑠璃や歌舞伎の一場面を使い、鳥羽・伏見の戦いを風刺する瓦版は、この時期数多く版行された。そして、それらの多くは「判じ絵」でもあった。わかる人にはわかり、万一、役人に目を付けられても言い逃れしやすいこの形式は、風刺に最適だった。

ところで、それら瓦版から読み取れる、上方の庶民の思いとはどのようなものなのだろうか。それは、「戦によって日常を乱されたことへの怒り」である。江戸と異なるのは、新政府軍のみを指弾しているわけではない点だろう。彼らは、平穏な日々を破壊する両陣営を、同じように不快に感じ、戦を馬鹿げたものと考えていた。

しかし、この時期に出された上方の瓦版には、「判じ絵」ではなく、もう少しストレートな表現の風刺画も存在する。その代表格とでもいえそうなのが、次に紹介する「柳樽」と名付けられた一枚である（図2）。略画風の戯画、いわゆる「鳥羽絵」の作品だが、醸し出されたただならぬ雰囲気は、誰もが一見してわかるところだろう。

瓦版「柳樽」の衝撃

「柳樽」というタイトルには、「川柳集」以上の意味はない。江戸時代に隆盛を誇った川柳文化は、数々の優れた作品を送り出したが、その代表的な作品集に『柳多留』がある。明和二年（一七六五）から天保十一年（一八四〇）まで発行されたこの句集は、極めて知名度が高く、そのこともあって江戸時代後期においては、「柳樽」が「川柳」と同義で使われることが多くあった。

しかし、この瓦版の衝撃は、個々の句よりも、まずは不可思議な絵によって受けるものだろう。画面の左側には、公家らしき服装をした人物などが五名に、裸の巨人が一名、右側には西洋式の軍服に身を包んだ人物が七名いる。双方は、どうも放屁し合っているようで、これで何らかの争いをしていると解せる。

つまり、これは鳥羽・伏見の戦いを放屁合戦に見立てた、風刺画なのである。この放屁合戦というのは、鳥羽絵なる呼び名の元となった鳥羽僧正（一〇五三〜一一四〇）が描いて以降、日本の戯画には頻繁に登場するモチーフではある。しかし、新政府軍と旧幕府軍との大規模な戦を、これほど脱力した絵で表現したのは、現代人の感覚からすれば驚くべきことだろう。

決して、現代に通じる表現の自由が確立しているような時期ではない。絵も掲載された川柳も、その数年前であれば役人が血眼で作成者を捜して、捕縛の上で最高刑を下すレベルの一枚摺である。

なお、公家らしき人物たちは新政府軍、西洋風軍人たちは旧幕府軍である。屁の勢いは明らかに前者が強く、後者はその勢いにやられ、吹き飛ばされている。特に、新政府軍の擁する裸の巨人の放屁は勢いが凄まじく、それがこの合戦の勝敗を決しているように思われる。

この裸の巨人は、一体何を示しているのだろうか。説明するまでもないことだろう、これは朝廷を擬人化したものである。一番はじめの狂歌は、こう読める。

神風に吹き鳥羽されて　川添の柳の葉武者　ちり落て行く

「天皇の権威＝神風によって、旧幕府軍が吹き飛ばされた」といっているのである。「鳥羽」を「飛ば」と掛けているのも安易で、狂歌としては高い評価は獲得できそうも

図２　瓦版「柳樽」（慶応四年版行、著者所蔵）

ない。しかし、それは大きな問題ではない。上方の民衆の中から、これほど奔放な風刺が登場したことが重要なのである。

本瓦版の最前面に表れているのは、この戦争自体を馬鹿馬鹿しく思う気持ちだろう。新時代の到来を予感したり、新政府軍に何らかの期待をかけたりする思いが一切ないことだけは、間違いのないところである。

冷静で正確な状況把握

慶応四年一月三日に開始された鳥羽・伏見の戦いは、ほぼ四日で勝敗が決した。そして、一月七日には朝廷が慶喜を「朝敵」と認定し、慶喜追討令を出した。瓦版「柳樽」には、これに関連した句も載せられている。川柳としては六番目のものが、そうである。

朝敵になって　慶喜(けいき)の名がわかる

慶喜に「けいき」のルビがあるのは誤りではなく、彼は「よしのぶ」と同じく、「けいき」とも呼ばれることが多かったからである。しかし、ここで興味深いのは、「朝敵になって」彼の名が判明した、という点である。江戸時代の将軍は、一般からは「公方(くぼう)様」と呼ばれており、本名、すなわち諱(いみな)が知られるようなことは、普通はなかった。

この瓦版は、下品な見た目に反して、極めて冷静に、そして正確に歴史的事実を記録している。例えば、二番目、九番目、十一番目の川柳である。

臭けれど　尾州(びしゅう)は志(じ)っと　見物し
なに桑名(くわな)顔で　城は　そっと問ひ
朝敵と　誰がいふたぞと　長州いい

「尾州」とある二番目の川柳は、尾張藩（現・愛知県名古屋市）の姿勢について詠んだものである。なお、この時期の藩主は第十六代の徳川義宜(よしのり)（一八五八〜七五）が、幼少だったこともあって、実権は彼の実父にして第十四代藩主の徳川慶勝(よしかつ)（一八二四〜八三）が掌握していた。慶勝は第一次長州征討（一八六四）で総督を務めたものの、第二次長州征討（一八六五）では出兵自体を拒否している。なお尾張藩は、この鳥羽・伏見の戦い以降、新政府軍に入った。

次に挙げた九番目の川柳は、桑名藩（現・三重県桑名市）についてである。桑名藩主の松平定敬（さだあき）（一八四七～一九〇八）は、この後も旧幕府軍の一員として戦い続けるが、城が「そっと」問うているのは、「劣勢となる旧幕府軍にいては、藩の存続すら危ういのではないか」ということだろう。「なに桑名」は、「なに喰わぬ」に掛けてあるのみならず、劣勢にあって「痩せ我慢」する藩の姿勢を込めたものに感じられる。意外に深い一句である。

十一番目の川柳は、少し前まで「朝敵」であった長州藩が、今や天皇を擁した新政府軍を統率する存在となっている事実を詠んでいるのだろう。作者が、ここ数年の政治状況を正確に把握していることが理解できる。

なお、四番目の会津藩に関する川柳には、興味深い言葉が使われている。

すかをして　臭みは残る　会津の屁

冒頭の「すか」は、「すかしっ屁」の「すか」であると同時に、現在も関西で「へまをする」の意味で使われる「すか」でもある。この瓦版が、上方での版行であることを示す証の一つとなるものだろう。
ところで、川柳としては十二番目に据えられた句は、他と違う不思議な余韻を残すものである。

淀君の亡魂　城で胸はらし

二条城から退いた慶喜が本拠地としていた大坂城は、元々は豊臣氏のものであり、大坂夏の陣（一六一五）によって、彼らが最期の時を迎えた場所だった。二百五十年以上を経た慶応四年一月六日の夜（午後十時頃）、慶喜がそこを脱出したことで、淀君の魂も安らかさを取り戻したことだろう。ここには、そのような気持ちが込められている。
この一句を加えたことで、鳥羽・伏見の戦いの風刺作品として、確かな深みが生まれた。現在起きている戦も、歴史的観点から俯瞰すれば、たかだか一事件に過ぎないということだろう。そうだとすれば、新政府軍が特別な存在である資格など、どこにもない。

薩長への強烈な皮肉

もう一枚、上方で出された瓦版を紹介しておこう。タイトルは「分鳥　一名サツ鳥」（図3）。「分鳥」は「分捕り」とかけたもので、「分捕り」は戦の際に相手側から物や人を奪い取る行為を指す。また、「一名」は別名の意である。

瓦版を眺めると、下に大きな鳥、左上に小さめの鳥が描かれているようである。文章は、大坂の文筆家である北陽山人（生没年不明）によるもので、これがこの二羽の鳥の説明になっている。

麒麟鳳凰は世に出て太平をしめすとかや。今や、この鳥は和漢の書物にも見えざる奇

図3　瓦版「分鳥　一名サツ鳥」（慶応四年版行、著者所蔵）

鳥にして、名を分鳥またサツ鳥と言う。今年辰正月上旬より、この鳥、浪花の東に来たりて、はじめは火焔を四方に発し、次第に納まりて後、その羽色を見るに図のごとく嘴より首ぎわかけて兜のごとく、尾先には大砲小砲をならべしようにて、総身は鎧のかたちに似て人これをいだきかえるの毛色あり。足先には鉄砲、およびいずれも皆武器にて、その鳴く声に「キキ、ケッコウケッコウ」と鳴くといえり。また一羽、雌鳥ありて、総身は黄金をちりばめ、そのほか四文銭などおびただしくなして飛び歩くもあり。すべて二羽ともに太平をつかさどる鳥なれば、人々そのけわしきにおそれ、これをくわしく見る人すくなく、ゆえに今その分鳥の姿をうつして、いよいよ御代太平のありがたきを知らしめんとす。

(句読点、括弧は引用者)

極めて興味深い内容なので、詳しく読んでみたい。

麒麟や鳳凰は泰平をもたらす想像上の動物とされているが、この「分鳥」は和漢のあらゆる書にも記録されていない奇妙な鳥なのだという。別名を「サツ鳥」というようだが、これはもちろん「薩長」とかけたものである。

この「分鳥」は、どうも下にいる大きな方が雄、空を飛んでいるのが雌のようで、この年の正月上旬から大坂にやってきた。当初は火焔を四方に噴射していたが、それも次第に収まったという。これは、鳥羽・伏見の戦いに絡む大規模火災のことを指すものだろう。

大きな雄鳥は、頭部から首にかけて兜のようであり、尾の先には大砲・小砲が、足の先には鉄砲が備わっている。まさに、戦のための鳥である。よくみると、米俵も幾つかぶら下げているようで、身体を形成しているそこに人間が喰らいついている。空を飛ぶ雌鳥は、全身が金銭のようで、身体を形成しているのは四文銭や小判である。北陽山人は、最後にこう述べる。この分鳥たちの姿を記録したのは、「天皇の治世が泰平であることの有り難さを世に知らしめるため」と。

まさに、皮肉満載の一枚である。タイトルからしても、鳥羽・伏見の戦いの後、薩長軍が旧幕府側の所持していた様々な品や金銭を奪い取っていたことを、嘲笑を交えて告発したものといえるだろう。しかし、鳥羽・伏見だけでも、人家が七千七百軒近くも燃えたにも拘（かか）わらず、「泰平であることの有り難さを世に知らしめる」などと書く辺り、強烈なブラックユーモアを感じずにはいられない。

なお、ここに書かれた薩長の分捕りは、決して大袈裟なものではなく、後に触れるように、実際に庶民が目撃したものだった。

第三節　天皇を抱え込んだ新政府軍――戊辰戦争と江戸の風刺錦絵①

江戸の町の情報屋

江戸の町に「情報屋」がいたことは、一般的にはほとんど知られていない。彼の名は、須藤由蔵（一七九三～没年不詳）。表向きの職業は古本屋で、屋号は藤岡屋だった。通称「本由」。

由蔵は、弘化二年（一八四五）から、神田の御成道（現・東京都千代田区神田）で商売を始めた。しかし、彼の収入の多くは、古書の売り上げとは別のところから発生していたようである。

素麺箱を机とし、由蔵は入手した情報を、来る日も来る日も紙に書き続けた。そこには、江戸のものだけではなく、地方から届く情報までも、微に入り細を穿ち書き込まれていたという。彼は、同時代の江戸の庶民が知りうる情報のほとんどすべてを、筆記していたのである。人は、彼を「御記録本屋」とも呼んだ。

この情報を、絵草紙屋（瓦版屋を含む）などの町人のみならず、諸藩の記録方や留守居役といった武士たちも、買い求めにやってきた。ときには、情報を提供しにやってくる客もいたという。情報を欲しければ、由蔵のところに行けばよい――江戸では、これが常識となっていた。

鳥羽・伏見の戦いに始まった慶応四年（一八六八）には、これまでのどの年よりも、情報が多く飛び交っていた。それを、由蔵は変わらぬ正確さで書き留めた。そして、この厖大（ぼうだい）な情報を、出版業界の人間が競って買い求めたのである。一体、何のためだろうか。いうまでもない、旧幕府軍と新政府軍の戦に関する、風刺錦絵を作るためである。

この年のはじめの三ヶ月ほどで、風刺錦絵は三十万部以上も売れたと伝えられている。そのことを記録したのも、もちろん由蔵である。そして、風刺錦絵の人気は、むしろこの後に爆発するのだった。

高度な風刺錦絵に込められた思い

「本由」という巨大な情報源と、種々の町触（まちぶれ）（町の住民に対する法令や通達）を元に、戊辰戦争の模様と庶民の気持ちが、錦絵に込められていく。それはもちろん、国芳の伝統に則った「判じ絵」であり、一見ではまったく真意の摑（つか）めないものだった。

なお、この時期の出版物には、検閲を受けた証明である「改印（あらためいん）」と、「版元」の表記が義務づけられていた。絵の場合は、「絵師」の名前も記す必要がある。しかし、慶応四年に発行された風刺錦絵には、改印はおろか、版元も絵師名も無表記のものが珍しくない。つまり、非合法な出版物が数多く流通したのである。この年、一部の錦絵は、明らかに「瓦版化」した。

戊辰戦争の風刺錦絵は、現在発見されているものだけでも百四十種を超える。長らくアカデミックな関心の埒外に置かれていたこの「文化遺産」は、近年、思想史学者の奈倉哲三氏をはじめとする専門家の調査と研究によって、その驚くべき正体を現しはじめた。当時の風刺錦絵が備えていたのは、江戸時代の総括と表現するに相応しい、高い芸術性と物語性、そして哲学性である。近代以降を眺めても、それらと同等以上のクオリティを持つ風刺画を見付けることは、極めて困難である。

ここに掲載した錦絵は、「当世三筋のたのしみ」（図4）というタイトルが付されたもので、改印、版元、絵師名、どれも存在しない非合法な摺物である。

「三筋」とは、三味線のことである。普通に眺めると、画面の右側では、家の中で女性の師匠が三味線を教えており、画面の左側では、来客らしき人々が玄関先に立っている様子が描かれている。一体これのどこが、戦争の風刺画だというのだろうか。

風刺錦絵の多くは、相当に高度な「判じ物」であり、解読に成功した者にだけ制作者の真意が伝わるものだった。解読の手掛かりは、着物の柄やセリフの中などに隠されている。当時の江戸っ子たちは、こぞって風刺錦絵を買い求め、この謎解きに熱中した。そして、明らかになった制作者のメッセージに、快哉を叫んだのである。

それでは、実際に「当世三筋のたのしみ」の謎解きを行ってみたい。

玄関の上に掛けられた表札には、「歌沢てん」と書かれている。そして、女性の師匠の着物の柄は、「天」と読めることがわかる。つまり、この人物は第十三代将軍家定（一八二四～五八）の正室だった天璋院篤姫（一八三七～八三）を表しているのである。

図４　錦絵「当世三筋のたのしみ」（慶応四年版行、著者所蔵）

彼女の横に座した女性は、団扇（うちわ）に描かれた模様から「天皇家の菊花紋」を連想することができ、第十四代将軍家茂（いえもち）（一八四六〜六六）の正室だった和宮（かずのみや）（一八四六〜七七）であると推察できる。江戸城大奥で暮らしていた二人である。

天璋院の前に座して「どうでやけ（どうせヤケ）だよこうなるからは親も主人もむかふづら（向こう側）」と愚痴っているのは、着物の絵ロウソク模様から考えて、会津藩に間違いない。会津の絵ロウソクは、当時から有名な伝統工芸品だった。このことから、「判じ絵」において会津藩を表現する際、ロウソクが使われることが多い。

そして、その座の残りの三人は、

いくつかの手掛かりから、庄内藩、尾張藩、紀州藩と読み解ける。なお、やや確認しづらいが、中央上部に影として描かれているのは、仙台藩である。家の中にいるのは、全て旧幕府側なのである。

旧幕府軍において、制作者が最も重視していたのは、配置とセリフの大きさからも理解できるように、会津藩だろう。天璋院は彼に、「御ひいきヲ　なにぶん御ねがひ申(もうし)升(ます)」と話し、会津の活躍を期待している旨を伝えている。これは、明らかに江戸の庶民の気持ちを代弁したものといえる。今後、戊辰戦争の鍵になるのは会津藩で、彼らならきっと新政府軍を蹴散らしてくれるに違いない。庶民は、こう期待していた。

次に、画面の真ん中辺りで、左肘をついて背中を見せている人物に注目してみたい。彼の場合、着物の「梯子(はしご)」模様から、「梯子→橋→一橋(ひとつばし)」との連想が可能となる。手にしている書には、「をれハ（俺は）今ちとそうぞうしひ（騒々しい）から　よく見てあとでやるよ」と書かれている。そう、彼は徳川（旧・一橋）慶喜である。江戸の人々は、将軍だった慶喜本人も、「あとで」やってくれるに違いないと思っていたのだろう。

天皇は新政府軍の傀儡

この「当世三筋のたのしみ」が制作されたのは、読み取れる状況からして、江戸城が「無血開城」された慶応四年四月十一日以前のことと考えられる。まだまだ戦の結論は出ていない時期だった。それを頭に入れた上で、絵の左側に目を移してみよう。ここにいるのは、旧幕府軍を殲滅しようと目をギラギラさせた、新政府軍である。

口を開けて笑っている男は、着物に「サ」の柄があり、薩摩藩だとわかる。前年に、江戸の町にテロ攻撃を仕掛けた薩摩だけに、その笑顔もどことなく憎らしい。男の子を抱き上げているのは長州藩で、着物の柄が「萩の葉」であることが、その手掛かりとなっている。それでは、この男の子は誰なのだろうか。セリフには、「をぢさん　はやくあすこへつれてッておくれよ」とある。彼は、新政府軍に担がれた明治天皇その人なのである。

江戸の庶民は、新政府軍の主導者は天皇ではなく、それどころか、天皇は薩摩や長州に操られていると受け取っていた。まさに「担ぎ上げられた」というわけである。天皇の後ろで「ぼふや（坊や）　こういふものをかしてやろうか」と、岡山藩が水鉄砲をみせていることからも、そのことは確認できる。なお、岡山藩は着物の「釘抜紋」（備前の国印）から推察させようとしているようだが、これはやや難易度が高い。

擬人化された新政府軍諸藩の中で、最も気になる形装をしているのが、手拭いを頬かむりしている男性である。顔を隠しているということは、何か後ろ暗いところがあるのだろうか。この人物の手拭いには、大きく「當」の字が染め上げられているが、これもどこの藩なのか、すぐに思いつくことのできる手掛かりではない。ただし、いったん答えがわかれば、同時に頬かむりの理由も判明する。

結論からいうと、彼は藤堂氏の津藩なのである。「當」を「とう」と読ませて、藤堂の「藤」を連想させようという仕掛けである。これまた、現代人にはわかりにくいヒントだろう。しかしながら、この津藩の描き方は、江戸の庶民の思いを知る上でも、大変重要である。

津藩は、元々は旧幕府側であり、鳥羽・伏見の戦いでは、淀川の対岸に位置する高浜台場の守護を行っていた。しかし、勅使として遣わされた四条隆平（一八四一〜一九一一）の説得によって旧幕府軍を裏切り、彼らに背後から砲撃を加えた。一月六日、午前十一時頃のことである。これは藩主の藤堂高猷（一八一三〜九五）の許可を得たものではなく、現場を仕切っていた藤堂元施（一八三六〜七八）の独断だったとも伝えられる。

この行為によって、旧幕府軍のみならず江戸の庶民からも、津藩は「藤堂の犬侍」と呼ばれて軽蔑されてしまう。津藩を表す人物が顔を隠しているのは、このような理由からだった。津藩自身が裏切りをやましいと思っているのではなく、この絵の制作者がそう考えていたわけである。

ここまで眺めると、「当世三筋のたのしみ」が明らかに旧幕府軍を贔屓目にみて、新政府軍を批判的に捉えた絵であると理解できる。実は、この時期に販売された風刺錦絵のほとんどが、思想的にはこれと共通しているのである。

このことは、錦絵の版元と絵師のみならず、江戸の庶民の多くが佐幕派だったことを示している。錦絵は何より商品であり、売れるためには、購買者の多くが賛同できる思想を提示する必要があったからである。

戊辰戦争の風刺錦絵は、受け手にも教養を要求する。錦絵を読み解く手掛かりのほとんどは、いわゆる「言葉遊び」以上のものだった。そのことは、この時期の江戸に、文化的に高い水準にある人々が多く住んでいたことを物語っている。

そして、このような風刺錦絵は、絵師のレベルと多色摺のクオリティからも、我々を圧倒せずにはいない。江戸の町で培われた錦絵の伝統と、それが形作った制作環境があってはじめて可能となった、奇跡的と評するべき風刺画である。

第四節　江戸城無血開城——戊辰戦争と江戸の風刺錦絵②

庶民が読んでいた「武鑑」

風刺錦絵を読み解く符丁として、最も多用されていたのが諸大名の「家紋」だった。例えば、人物の着衣に家紋を描き込むことで、それがある藩を擬人化したものであると暗示する手法が、極めて頻繁にみられたのである。

しかし、ここで一つの疑問が生じる。当時の江戸の庶民は、大名の家紋を目にする機会など、果たしてあったのだろうか。答えは、イエスである。彼らの多くは、大名の家紋をみたことがあるどころか、「よく知っていた」のである。理由は、「武鑑（ぶかん）」という出版物の存在にある（図5）。

「武鑑」とは、大名や旗本すべての姓名から、家紋、出自、職務、石高（こくだか）、主たる家臣の

図5 『万世武鑑　全』（文久年間版行、著者所蔵）より

名前までが記された名鑑であり、江戸時代においては、民間の書店から逐次、改訂新版が刊行されていた。「武鑑」の始まりは十七世紀の半ば頃と考えられており、その歴史は決して短くない。江戸の庶民の中にも、「武鑑」を購入して熟読していた人々は多く存在した。例えば御用商人などは、大名のプロフィールを正確に把握しておかなければ、彼らの江戸藩邸から商品の注文が入っても、適切に対応できなかったからである。また、直接的な関係がなくとも、それぞれの大名がどのような人々で、江戸藩邸がどこにあるのかという情報は、町民が知っておくべき「常識」だった。

風刺錦絵は、家紋をはじめ、大名に関する様々なデータを把握しておかなくては、読み解くことができない。そして、その前提として、この「武鑑」という刊行物の存在があったことは知っておくべきだろう。

「江戸城無血開城」期の風刺絵

戊辰戦争史は、幾つかの局面に区切ることができる。まず一つ目は、鳥羽・伏見の戦いである。これは、一月六日に旧幕府軍が

図6　錦絵「浮世風呂一ト口文句」（慶応四年版行、著者所蔵）

敗退したことで、終結した。そして二つ目は、いわゆる「江戸城無血開城」である。四月十一日に起きた、この歴史的事件は、江戸の庶民に大きな衝撃を与えた。

ここに掲載した錦絵は、「浮世風呂一ト口文句」というタイトルが付せられているもので、銭湯を楽しむ裸の男性がひしめき合う、インパクトの強い一枚である（図6）。内容から、これは江戸城が開城された後か、その直前に制作されたものと推察できる。だとすれば、ここには江戸が新政府軍によって侵食されていくことに対する、庶民の思いも込められているはずである。

この錦絵も、改印や版元、絵師

名が一切存在しない、非合法出版物である。その点は「当世三筋のたのしみ」同様だが、書き込まれた文字量はこちらの方が圧倒的に多い。従来、錦絵に書かれる文字は、スタイリッシュに配置されているものが多かったが、この作品はデザイン性がほとんど無視されており、所狭しと文字が詰め込まれている。その点、やや異様である。

それでは、制作者のメッセージが溢（あふ）れ出しそうなこの絵を、以下、読み解いてみたい。

画面右の番台にいる女性は、和宮だろう。彼女の着物には、「当世三筋のたのしみ」と同じく「下がり藤」が描かれている。その横で床に座り、たらいから手拭いを垂らしている裸の男性は、会津藩に違いない。手拭いに、会津若松の「若」の字が染め上げられているからである。そして、会津藩の背中を洗っている三助は、わかりにくいが「蛤（はまぐり）」柄の手拭いを額に巻いているようにみえるので、桑名藩と考えられる。「桑名の焼き蛤」は、今でも三重県の名物としてよく知られている。この会津藩と桑名藩のセリフが、なんとも興味深いのである。

前者は、「年あけに　おふわずらひ（大患い）をしたが　今では大丈夫に成ったよ　モウどんなつよいやつがきても　ゆびでもささせやあしねへ（指でもささせやしねえ）」と語っている。鳥羽・伏見の戦いで最も勇猛果敢に戦い、百二十三名もの死者（明田鉄男編『幕末維新全殉難者名鑑』）を出した会津藩の状況を説明したものである。「もう大丈夫、いかなる敵にも負けない」という言葉は、江戸の庶民の期待が込められたものに違いない。

そして、後者の桑名藩は、こう語っている。「だんな　あなたのせなかは　まことにきれいでございます」。この言葉も、庶民の気持ちを知る上で重要である。どれほど危うい状況にあっても、徳川家のために全力で戦った会津藩は、「背中が綺麗」だと記しているのである。「当世三筋のたのしみ」で最も批判的に描かれていたのが、旧幕府軍を裏切った津藩だということを思い出すと、武士階級の者だけではなく、庶民も「君臣の義」を大切に思っていたことが理解できる。

ちなみに、当時の会津藩主は松平容保（一八三六〜九三）で、桑名藩主は松平定敬だった。付言するまでもなく、彼らは実の兄弟である。そして、慶喜と共に、一会桑政権、すなわち幕末の京都において、孝明天皇の信任を得ていた慶喜（一橋）、容保（会津）、定敬（桑名）を中心に形作られた政権を成立させた二人だった。なお、この一会桑というまとまりは、三者の順番はともかく、当時から庶民にも認識されていたものである。

それでは肝心の旧将軍、慶喜はこの「浮世風呂一トロ文句」の中のどこにいるのだろうか。会津藩と桑名藩からは遠く離れて、画面の一番左、浴槽の縁に腰掛けて腕を組んでいる人物がそうである。彼を慶喜と判断するための手掛かりとなるのは、肩から垂らした手拭いの「梯子」柄である。

ここでの慶喜は、何やら不思議なことを話している。「われこそハ中納言家持の嫡孫大友の黒主とハ　ヲレカ事だハ　ヤイ」。どうにも意味が掴み難いが、奈倉哲三氏は、「家持」を「いえもち」と読むことによって、これは、慶喜が第十四代将軍家茂の「嫡孫」だと強がっているセリフだと理解できるのではないか、と述べている。

家茂は、夭折（ようせつ）したこともあり子がなかった。しかし、「嫡孫」を「将軍の代」の意味と受け取れば、第十五代将軍職を辞した慶喜が、第十六代に再任されることを宣言したものと考えることが可能となる。これが、奈倉氏の解釈である。鮮やかな読み解きという他ない。

江戸城を攻撃できない理由

先にも触れた通り、江戸城無血開城によって、戊辰戦争は新しい局面に突入する。普通、江戸城が武力衝突を伴わず、新政府軍に明け渡されたのは、勝海舟ら「幕末の三舟（さんしゅう）」をはじめとした、旧幕臣による様々な働き掛けがあってのことだと説明される。

しかし江戸の庶民は、他にも大きな理由があって、新政府軍は江戸城を攻撃できないと知っていた。そのことは、「浮世風呂一トロ文句」の中にも確認することができる。

新政府軍の中心的存在、薩摩藩を擬人化した人物は、ここにもいる。画面の左側、柱から二人目の、顔を大きく歪（ゆが）めている男性がそうである。「当世三筋のたのしみ」と同じく、薩摩藩の描き方には悪意があるように思われる。なお、この人物を薩摩藩だとする理由は、彼の手拭いの柄にある。この柄は「籠（かご）」と「縞（しま）」であり、二つ合わせて「かごしま」となる。この種の言葉遊びは、江戸時代の「判じ物」によくみられるものだった。

薩摩藩のセリフは長いが、要するに「義理で、江戸城への武力行使ができない」ということを話しているようである。本当は、一刻も早く旧幕府軍を殲滅したいのに、「ある義理」によって、それができない。彼の顔が苦悶に歪んでいるのには、そのような事情もあってのことと読み取れる。これを正確に考えるためには、二人の人物の存在を思い出さなければならない。一人は、この絵にも描かれている和宮、もう一人は天璋院篤姫である。

戊辰戦争の開始以来、新政府軍が圧倒的な力を持ち得たのは、天皇を自身の側に引き入れたからだった。その証明が錦の御旗であり、鳥羽・伏見の戦いにおいては、新政府軍がその旗を立てたと聞き及んで、慶喜は撤退を決めたとさえ伝えられる。

これを踏まえると、和宮がいる限り、新政府軍は江戸城を攻撃できないことになる。和宮は家茂の正室だったが、孝明天皇（一八三一～六七）の妹であり、皇族の出だからである。天皇の権威によって快進撃を続けてきた新政府軍ゆえに、和宮のいる城を攻撃することを選択するのは、限りなく難しい。まさに「義理」に反するからである。

そして、もう一人の天璋院である。彼女は第十三代将軍家定に嫁いだが、元は薩摩藩の島津一族である。薩摩藩にとっては、彼女が江戸城にいることも、攻撃を大きくためらわせる理由となった。

更に大きな問題は、和宮も天璋院も、圧倒的に不利な状況にある徳川家に、自らの意思で留まり、そこから出ることを微塵も考えていないことにあった。そのような状況を、少なくともこの絵の制作者たちは、正確に把握していたということになる。何より、これに驚かなくてはならない。

最後に、この絵に描かれた和宮をもう一度確認してみたい。彼女の着けている前掛けには、少し気になる模様が確認できる。これは、「蜘蛛(くも)の巣」である。異彩を放つ前掛けの蜘蛛の巣は、一体何を意味しているのだろうか。

結論から述べよう。この「巣」は、有栖川宮熾仁親王(ありすがわのみやたるひとしんのう)（一八三五〜九五）の「栖(す)」に掛けたものである。彼は、二月九日に新政府軍の東征大総督に任命され、旧幕府軍追討のため、四月四日に江戸に入った。

徳川家の敵軍、しかもその指揮官だった有栖川宮親王。彼を連想させるものが、和宮の前掛けにあるのは、もともと二人が許婚(いいなずけ)だったからだろう。「公武合体」を実現するため、和宮は婚約を破棄し、家茂に降嫁したのだった。

それでは、この絵の制作者は、「元婚約者への心残り」などというロマンチックな意味を付与するため、和宮の前掛けに熾仁親王を連想させる柄を描いたのだろうか。それはおそらく、正解ではない。制作者は、この柄を描き込むことによって、運命の皮肉さ、歴史の残酷さを表現したかったのだと、私は考えている。

事実、この僅かな要素によって、裸の男性だらけのこの風刺画は、滋味を獲得することに成功した。江戸の庶民文化の豊かさを、しみじみと感じさせられる作品である。

第五節　東北戦争開始後――戊辰戦争と江戸の風刺錦絵③

東北雄藩への期待

慶応四年（一八六八）四月十一日の「江戸城無血開城」以降、戦局は大きく動く。五月二日には、長岡藩（現・新潟県長岡市）と新政府との交渉が決裂。翌三日には、東北二十五藩による奥羽列藩同盟（おううれっぱんどうめい）が成立し、数日後には、ここに長岡藩、新発田藩（しばた）（現・新潟県新発田市）などが加わり、いわゆる奥羽越列藩同盟となる。また、既に触れた通り、「上野戦争」において彰義隊が殲滅されるのは、五月十五日のことだった。

幕府贔屓だった多くの江戸の庶民にとって、上野戦争の結果は大きな衝撃となった。最も頼もしく思えた彰義隊が、僅か一日で江戸から消えてしまったのだから、それも無理はない。だからこそ、彼らは東北雄藩の巻き返しに期待した。この時期に発行された風刺錦絵には、江戸の庶民のそのような思いが強く滲（にじ）んでいる。

傍観する明治天皇

ここに掲載した錦絵「子供遊（あそび）力くらべ」は、激動の五月頃に発行されたと推察される一枚である（図7）。戊辰戦争の錦絵では、本作品のように「諸藩を子供に擬したもの」が数多く確認されている。こういった趣向の絵が多く制作されたのは、第一に、戦を「子供遊び」のようなものとして嘲るためだろう。

しかし、これにはもう一つ、大きな理由が見つけられる。それは、元治元年（一八六四）の第一次長州征討の頃から、江戸の子供たちの間で、実際に「戦争ごっこ」が流行っていたことである。仰々しい鎧兜の武士たちによる行列を目にして、無邪気な子供たちがその真似をしたくなったとしても不思議はない。戊辰戦争を子供の遊びとして描くという着想は、ここからも来ている。

「子供遊力くらべ」は、そのようにして作られた「見立子供遊び絵」だが、これには、今までに紹介した二種の錦絵と明らかに違う特徴がある。それは、相撲とはいえ、明らかに「争いの様子」が描かれていることである。戦争がますます激しくなっていた現実が、反映されたものだろう。

それでは、「子供遊力くらべ」を読み解きつつ、江戸の庶民の気持ちに迫ってみたい。

この絵も、左右の二枚で敵味方が分かれている。右半分が新政府軍、左半分が旧幕府軍である。ほぼ中央で相撲を取っている子供のうち、右の方は、ふんどしの「サ」の書き込みから、薩摩藩であると読み取れる。左の子供は何藩かわかりにくいが、ふんどしに「稲穂」模様のようなものが確認できることから、米沢藩（現・山形県米沢市）を指しているのだろう。なお、米沢藩は八月二十四日に降伏することになる。

この絵からも、江戸の庶民が東北雄藩を頼りにしていることと、薩摩藩を好戦的で手強い存在と捉えていることが読み取れる。しかし、ここには別の思いも込められている

図7　錦絵「子供遊力くらべ」（慶応四年版行、著者所蔵）

ように感じられる。それは、明治天皇の姿勢に対する批判である。

絵の上部に書かれている大きな字は、「我儘にそだてあげたるわらんべ（わらべ）　礼儀をしらぬ人となりぬる」と読める。この「わらべ」とは、天皇を指している。もちろん絵としても天皇は描かれており、右上の背負われている幼い子がそうである。天皇を幼児に擬するのは、先に取り上げた「当世三筋のたのしみ」と同じであり、他の風刺絵にもよくみられるものだった。慶応四年の時点で、明治天皇は十六歳なので、実際に若かったことと、政治のことは余り知らないと思われていたことが、その理由だと考えられる。

そして、この明治天皇のセリフと

して、次のように書かれているのである。「おもしろいナ　どっちもまけるナ」。なんと無責任な言葉だろうか。この絵における天皇は、飽くまで「戦争を傍観する存在」のようである。

旧幕府軍で最も力強く描かれているのは、画面左側の一番下で、背中を見せて座っている会津藩だろう。では、旧将軍の慶喜はどこにいるのか。左端一番上にいて、「梯子」模様の着物をはだけている男児が、そうである。取組を指差し笑っている慶喜にも、セリフが付せられている。読んでみると、「一ばんとつてこよふか（一番とってこようか）」とある。彼はまだ、戦えば勝者になる力を保持しているようにも描かれているが、いつまでも戦わないことへの庶民の不満や揶揄（やゆ）も、ここからは読み取れる。

なお実際の慶喜は、この時期、水戸に戻って弘道館（こうどうかん）で謹慎生活を続けていた。この弘道館については第五章で詳述するが、尊王（そんのう）攘夷思想の一大拠点というべき藩校だった。その意味からしても、慶喜に新政府軍と戦う意志が微塵も残っていなかったことは明らかである。

この絵にも、改印、版元、絵師名の記載がみられないが、絵柄から考えて、間違いなく三代目歌川広重（ひろしげ）（一八四二～九四）の作品である。彼は時代が明治に入った後も、錦絵の大家として活躍することとなる。

尽きぬ会津への期待

図８　錦絵「常磐津稽古所」（慶応四年版行、著者所蔵）

次に紹介するのは、「常磐津稽古所」と題された錦絵である（図8）。

この作品も、改印、版元、絵師名のない、非合法出版物である。発行時期は六月以降で、東北での戦況が激化し始めた頃と推察される。

右半分を眺めてみると、「常磐津稽古所」の師匠を務める「あつみ太夫」は、中央にいる会津藩である。「會」の字が大胆に描き込まれていることから、これはすぐに読み解ける。もはや慶喜の姿はどこにもなく、江戸の庶民にとって旧幕府軍の中心は、会津藩であり、松平容保となっていたことが理解できる。

会津藩のセリフは、「正さん　まい日いくさのはなしで　いけませんねへ　はやくおたやかに（穏やかに）したいものてムり升」と読める。腕を組んで顔を前に突き出している左の男性は、着物に酒井氏の家紋「酢漿草」が描かれているので、庄内藩である。「正さん」は「しょうさん」と読んで、会津藩から庄内藩に向けられた言葉だとわかる。「まい日いくさのはなし」という箇所からも、東北戦争が相当激しいものとなっていたことは理解できるだろう。しかし、「早く穏やかにしたい」というのは、どういう意味なのだろうか。

庄内藩は、こう話している。「千さん　おたやかにするのには　おししやうさん（お師匠さん）が出なければはいけませんよ」。「お師匠さん」、つまり会津藩が出撃することこそが、穏やかにするために必要なことだというのである。

庄内藩の左隣にいて、話し掛けられているのは、「千さん」という名前からもわかるように、仙台藩であり、彼は左隅で腕を組んで歯をみせてこう語っている。「さうでムり升とも　おししやうさんのこゑで（お師匠さんの声で）となり升と（怒鳴りますと）たいかいのけいこしよは（大概の稽古所は）つふれて（潰れて）しまい升」。会津藩が全力を出せば、新政府軍など簡単に打ち負かせるに違いない。ここにも、そのような期待が込められている。

要するに、幕府復活への希望は、まだ失っていないのである。彰義隊がいとも簡単に潰され、慶喜が謹慎していても、庶民の多くは、平穏な江戸の世が再び戻ってくることを願っていた。

上野戦争が終わった直後の江戸の治安が悪かったことは、彫刻家の高村光雲（一八五二〜一九三四）も、次のように語っている。

何事も無政府状態で、市民一般財産生命の危険夥しく、師匠の家の近辺なども、官軍であるか、彰義隊か分りませんが、所々火を放って行きなどしたもので、しかし雨天続きのため物にならず、燃え上がったのは人々見附け次第消しましたが、不用心極まることでした。

――高村光雲『幕末維新懐古談』（岩波文庫）

話を絵に戻そう。この「常磐津稽古所」には、「当世三筋のたのしみ」と同じように、何人か女性も描かれている。絵の右側、会津藩のすぐ横にいる二人は、右の「はは（母）お照」が天璋院、左の「娘かつ」が和宮である。実際の天璋院は、江戸城が開城される前に大奥を出て、江戸の一橋邸に移っている。同じく和宮も、家茂の生母である実成院と共に、同時期、江戸の清水邸へと退避した。つまり、二人とも、もう江戸城にはいなかったのである。

このような状況でありながら、なぜこの風刺絵には天璋院と和宮がいるのだろうか。まずは、実際に二人が一貫して徳川家の味方であったことが理由として挙げられる。薩摩藩出身の天璋院も、孝明天皇の妹である和宮も、新政府軍とは距離を置き、慶喜の助命と徳川家の存続を願い続けたのである。

そしてもう一つは、新政府側への牽制である。薩摩中心の新政府軍に対して、天璋院を旧幕府側としてみせ、明治天皇を抱え込んだ新政府軍に対して、和宮を旧幕府側として描くことは、風刺絵として極めて効果的だったといえる。

なお、絵の左側は、「当世三筋のたのしみ」と同じで、新政府軍の面々が描かれている。「全」などの字が染められている着物に身を包んだ、一番小さな女児が明治天皇、横にいる「蜘蛛の巣」柄の娘が有栖川宮熾仁親王である。戊辰戦争の風刺錦絵で明治天皇を示す際、「金」やそれに近い文字（今回は「全」）がよく使用されるが、これは「今上天皇」の「今」からきたものだろう。

最後に、タイトルにもなっている常磐津に触れておきたい。常磐津は浄瑠璃の一流派であり、延享四年（一七四七）に江戸で開流されたものである。江戸の庶民は、自分たちの文化に誇りを持ち、腕力に物をいわせて進軍してきた新政府軍、特に薩摩藩を、「田舎者」として軽蔑していた。

この絵において、贔屓の旧幕府軍を、他ならぬ常磐津の教室の中に入れて描いたことからは、江戸っ子としての強い誇りも窺える。

消え去りゆく「江戸」

既に述べた通り、戊辰戦争の風刺錦絵の大部分には、改印がない。改印がないということは、公的な許可を得ていない出版物だということである。つまり、瓦版となんら変わるところがない。しかしそれは、風刺錦絵が許可を得ることができない代物だったからなのではない。

そもそも戊辰戦争の風刺錦絵は、国芳の伝統に則った「判じ絵」とすることによって、比較的「許可が得やすい出版物」となっていた。「政治的内容ではないか」と指摘されても、弁解するための要素を数多く入れ込んでいたからである。それでもなお改印を受けていない理由は、面倒な手続きを省略し、少しでも早く商品化したかったからに違いない。

このことから、戊辰戦争に関連する風刺錦絵の中には、非合法ではないものも存在する。世に出すのが少し遅れて販売部数が減ったとしても、順法の方を優先した版元の商品たちである。ここに取り上げた「東京雨天（とうけいうてん）のつれづれ」は、しっかり改印の確認できる、実に立派な合法的出版物である（図9）。

この改印によって、本錦絵の版行は慶応四年八月ということが判明する。また、絵師名も明記されており、了古（りょうこ）（生没年不詳）の作であるとわかる。彼の詳しい経歴は不明だが、本作以外にも複数、戊辰戦争に関する錦絵を描いている人物である。

この絵が版行された八月、東北での戦闘は激甚なものとなっていた。次々と佐幕藩が倒れたことで、錦絵に擬人化して描かれた藩の顔触れも、以前とは大きく変わっている。

桑名藩もいない上、徳川慶喜や和宮も見当たらない。

なお、タイトルが「江戸雨天のつれづれ」ではなく「東京雨天のつれづれ」となっているのは、同年七月十七日に江戸は東京に改称されたからである。そう考えると、これはタイトルに「東京」と入った絵の中では、最初期の一枚ともいえるだろう（ただし、読みは「とうけい」と書かれている）。出版された地は、もちろん東京である。

さて、この二枚組の錦絵には、雨粒の落ちる中、番傘を持った十一人の男性が喧嘩(けんか)をしている様子が描かれている。「戦」を、同じ暴力での争いである「喧嘩」で表したのは、東北での激戦を反映してのものだろう。

ただし、この絵に描かれた「喧嘩」には、傘がある程度以上破れてしまうと、その傘の主が「負け」となるルールがある。完全に負けてしまっているのは、画面向かって右下と左下にいる男性二人で、彼ら二人の傘は、元の黄色から橙色(だいだいいろ)に変化してしまっており、そこからも完敗が窺える。

負けてしまったこの二人は、一体どこの藩なのだろうか。向かって右の人物の傘には、「二本の線」と「松」の字が描かれている。つまり、二本松(にほんまつ)藩（現・福島県二本松市）である。二本松藩は、七月二十九日の「大壇口(おおだんぐち)（現・福島県二本松市向原(むかいはら)）の戦い」でほぼ壊滅した。少年兵の悲劇的奮闘が、今も語り継がれる戦である。彼のセリフは、「ホイ　ゆぶられたら　ぜひがねへ」と読める。「ゆぶられる」は通常「揺ぶられる」と書くが、この絵においては「破られる」の意味と考えた方が適切である。

図９　錦絵「東京雨天のつれづれ」（慶応四年版行、著者所蔵）

向かって左下で転倒しているのは、「平」の文字からわかるように、磐城平藩（現・福島県いわき市平）である。磐城平藩が正式に降伏したのは、七月十四日のことだった。彼のセリフは、「なむさん　一ばんゆぶられた（破られた）こいつはたまらぬ　アタアタ」と読める。確かに、彼の傘が最も酷く破られているようである。

次に、中央下にいる人物は、「白川」などと書かれた番傘を持っている。これはそのまま、白河藩（現・福島県白河市）だろう。白河藩は七月十五日の戦いで藩兵の多くが逃走し、敗北が決定した。しかし、この絵の中では「イヤ　どっこい（どっこい）」といって踏ん張っており、まだ負けを認めていないようである。

この白河藩の上にいる二人のうち、向かって右側の人物の傘には「土州屋」や藩主である山内氏を表す入（いり）「山（やま）」形（がた）、さらには「内」の文字が確認できる。これはいうまでもなく、土佐藩である。その左側は、「長」の文字や、「官」と「臣」を混ぜた文字から、すぐに長州藩と判明する。この長州藩、向かって左隣の男性に啖呵を切っている。読んでみると、「何を　こしゆくな（こしゃくな）ヘンつがもねへ」とある。「つがもない」とは、「訳もない、他愛もない」の意である。

この言葉を投げられているのは、「羽州屋」、「米」などと書かれた傘を手にした男性で、米沢藩である。「こんどハ　おれがあいて（相手）だハ」などと威勢のよいことをいっている。先ほどの長州藩の言葉は、これを受けてのものだろう。すでに述べた通り、米沢藩の敗北が決するのは八月に入ってからだが、この絵が描かれた頃はまだ彼らの奮戦に期待する江戸っ子は多かった。

米沢藩の更に左には、「庄」の字が記された傘を持ち、「アリャ　アリャ　アリャ」と声を出している人物がいる。東軍最強だった庄内藩である。しかし、この絵では傘がかなり破られ、やや情勢が危ういように表現されている。

そして、一番右側、真ん中にいる「會」の字、「若松町」などの文字が見える傘を持つ人物、彼こそが会津藩である。会津藩の傘は全く破られておらず、「ならバ　てがらにゆぶつて（破って）みろ」などと威勢がよい。現代風にすれば、「やれるもんなら、やってみろ」だろう。東北の戦況は旧幕府側にとって厳しいものになっているようだが、まだ会津藩がいる。江戸っ子たちの、そのような思いが込められた描き方である。

この頃になると、東京と改称された旧江戸では、新政府の人間が我が物顔で闊歩していた。特に要人たちは、文字通り大名のような暮らしを開始している。江戸っ子としてのプライドに加えて、そのような新政府の人々への憤りも、会津への「過剰なまでの期待」の背景にはあったのだろう。

第二章　新政府軍に立ち向かった人々

第一節　私欲を剥き出しにした新政府軍

邪魔者を武力で掃討する

山川出版社の高等学校向け日本史教科書『詳説日本史（改訂版）』（二〇一六年文科省検定）には、次のような記述がある。

強大な欧米列強に対抗するために、新生の明治国家は、「富国強兵」「殖産産業」「文明開化」といったスローガンを掲げ、西洋文明の移植による急速な近代化を推し進めた。しかし、物質文明の急激な流入に比べて多くの日本人の精神の変化はゆるやかで、都市に比べ農村の近代化は、はるかに遅れた。こうして明治の文化には、新しいものと古いもの、西洋的なものと東洋的なものが無秩序に混在・併存する、独特の二元性が存在することになった。

——「第9章　近代国家の成立」、『詳説日本史（改訂版）』（山川出版社）

ここで前提とされているのは、近代化とは西洋文明の移植によって達成されるものであるという、驚くほどシンプルな史観である。「都市に比べ農村の近代化は、はるかに遅れた」という箇所には、生活の西洋化は近代化とイコールであるという、学界では久しく目にしていない古色蒼然とした思想が露呈している。このような内容を教授されてしまっては、明治新政府こそが腐心しつつ日本の近代を作り上げたと信じてしまってもおかしくはないだろう。

しかし、近代という麗しい飾りを取り除いて新政府を眺めたとき、そこには荒々しい実態が浮かび上がる。特に、彼らの政権奪取の方法は、近代国家の担い手に相応しいものとは到底捉えられないものだった。

どの国の歴史であれ、新体制が築かれる際には武力の行使があって当然ではないか——そのような冷徹な歴史観も、稀に見受けられる。しかし、新政府、殊に薩長が行った行為は、近代的な国家を作るための方法としては、過剰に暴力的で、極端に利己的だった。それは例えば、前章で述べた慶応三年（一八六七）に、江戸とその近郊で行われた集団強盗というテロを思い起こしても、わかるところである。

それでもなお、幕藩体制という「旧き悪しきもの」を一掃するのは、強大な武力によるしかなかったと考える向きはあるだろう。有無をいわさぬ暴力によってしか、日本に近代は始まらなかったと信じる人々もいるはずである。

この件について、早急な結論を出すのは控えたい。ただし、歴史観がどのようなものであっても、一つだけ認めなければならないことがある。それは、新政府が確立するまでに、夥しい数の人々が命を奪われ、その中には全く罪のない者が数多くいたという事実である。

本章では、新政府軍が進軍していく中で命を落とした人々に加え、追い詰められていった旧幕府側の諸藩に注目してみたい。

流行歌「トコトンヤレ節」

鳥羽・伏見の戦いは、たった四日で終わっている。旧幕府軍「約一万五千」に対したのは、新政府軍「約五千」。この圧倒的な数の差にも拘わらず、旧幕府軍は惨敗したのである。それは一体、なぜなのだろうか。

これをわかりやすく教えてくれる史料がある。「都風流トコトンヤレぶし」とのタイトルが付けられた、瓦版である（図10）。新政府軍に属する諸藩の旗なども描かれているが、この瓦版の主役は、文字の方だといえる。

「都風流トコトンヤレぶし」に掲載されているのは、鳥羽・伏見の戦い以降、大いに流行した「トコトンヤレ節」という曲の歌詞である。六番までのうち、一番と二番をここに書き出してみよう。

〽一てん万乗(ばんじょう)の　みかどに手向(てむか)ひ　するやつを
トコトンヤレ　トンヤレナ
ねらひはづさず　どん〳〵どんうちだす　薩長土
トコトンヤレ　トンヤレナ

〽宮さま〳〵　御馬の前に　びら〳〵するのは　なんじゃいな
トコトンヤレ　トンヤレナ
ありゃ朝敵　征伐せよとの　錦の御旗じゃ　しらなんか
トコトンヤレ　トンヤレナ

二番まで読むと、ある年代以上の人であれば気づくのではないだろうか。そう、これはあの「宮さん宮さん」とも呼ばれる、よく知られた軍歌のオリジナル版である。

この歌は、長州藩士の品川弥二郎(やじろう)（一八四三～一九〇〇）によって詞が作られ、大村益次郎によって曲が書かれたと伝えられている。真相は不明だが、歌詞についてのみいえば、おそらく品川の作で正解だろう。間違いなく詞としての出来はよい。

そして、鳥羽・伏見の戦いが四日間で終わった最大の理由は、まさにここに書かれている。歌詞二番にある「錦の御旗」である。「我々こそが天皇の軍である」と主張する

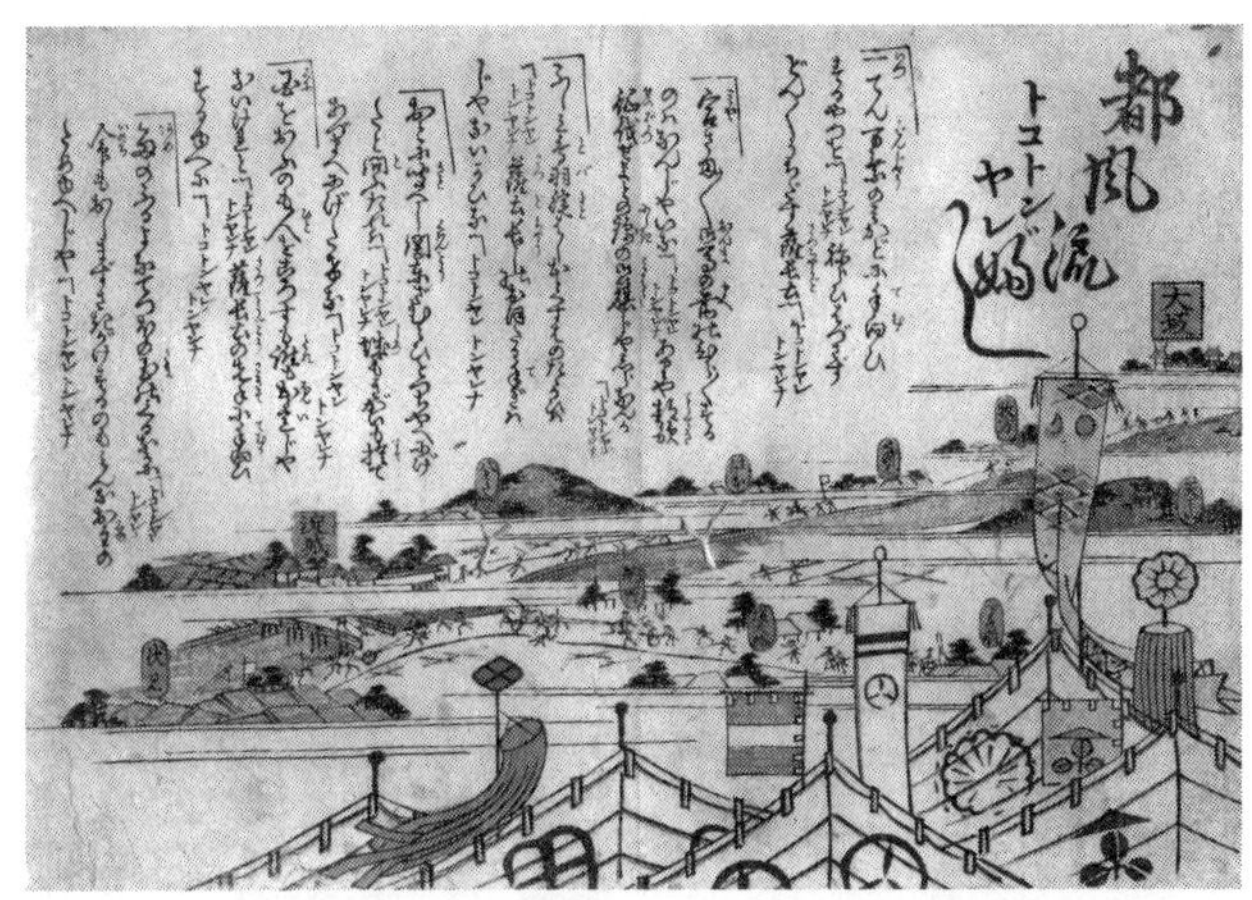

図10　瓦版「都風流トコトンヤレぶし」（慶応四年版行、著者所蔵）

ための錦の御旗は、慶喜を大いに動揺させた。軍備レベルの差もあったが、旧幕府軍を精神的に追い詰めた錦の御旗によって、勝敗は決せられたのである。

錦の御旗は、当時から世に知られていた正統なものではない。これは、岩倉具視の命により、側近の玉松操（一八一〇～七二）がデザインしたものだった。玉松は元僧侶であり、還俗した後は国学を学んで私塾まで開いた人物である。彼は錦の御旗のデザインを、平安時代後期の学者、大江匡房（一〇四一～一一一一）の書から着想を得て完成させたと伝えられる。

玉松のデザインの下、実際に錦の御旗を制作したのは、薩摩藩の大久保利通と、先ほども名前が出た品川弥二郎だった。本来、錦の御旗は天皇から官軍の大将に下賜されるものだが、それを、勅命を受けていない者が勝手に作ったということになる。疑念の余地もなく、偽造の旗である。ただし、後に明治天皇によって「追認」されることとなった。

なお瓦版にも、赤の錦地に、日月を金糸で刺繡した錦の御旗は描かれている。右の方で、一際高く挙げられているものが、そうである。

続いて、歌詞の四番と五番もみておきたい。ここには、鳥羽・伏見の戦いに勝利した後、新政府軍に充満していた気分が見事に表れている。

〽おとに聞(きこ)へし　関東ざむらひ　どっちゃへにげたと　問ふたれば
トコトンヤレ　トンヤレナ
城もきがい（引用者注：気概）も捨て　あづまへにげたげな
トコトンヤレ　トンヤレナ

〽国をおふのも人をころすも　誰も本意じゃないけれど
トコトンヤレ　トンヤレナ
薩長土の先手(さきて)に　手向ひするゆゑぞ
トコトンヤレ　トンヤレナ

噂の関東侍も、大したことはない。怖気付いて逃げていくなんて、本当に情けないことだ。興奮しつつ、こう語る新政府軍の様子が目に浮かぶようである。進んで争いがしたいわけではないが、薩長土に楯突くから仕方がない。そのような「自惚れ」も、五番の歌詞からは感じられる。そして、少し前まで将軍であった慶喜を、「城を捨てて逃げた」として、この歌は心から嘲笑しているのである。なかなかの大胆さというべきだろう。

それでは、慶喜がいなくなった後、新政府軍は大坂城をどうしたのだろうか。これに関しては、少しばかり驚くような証言が残っている。

人身御供とされた庶民

ここに紹介するのは、新聞記者の篠田鉱造（一八七一～一九六五）が著した『幕末百話』（一九〇五）に収録された話である。大坂の天満（現・大阪府大阪市北区天満）にある古着屋で働いていた一人の商人が、鳥羽・伏見の戦いの頃のことを、次のように回想している。

彼によると、戦が始まる少し前から女性や子供は疎開させ、自分たちもいつでも逃げられる姿格好で仕事をしていたらしい。そして、鳥羽・伏見の戦いが終わり、新政府軍が大坂にやって来た頃、ある奇妙な噂が飛び交ったという。

それは、「主である慶喜のいなくなった大坂城は、誰でも出入り自由になっている」

というものだった。大坂城の中など、本来、庶民にとっては、目にすることすらできないものである。この商人も、恐ろしいという気持ちより好奇心が勝ってしまって、大坂城に出向いたという。

果たして、実際に大坂城に到着すると、なんと本当に出入り自由になっていた。新政府軍は、なぜか大坂城を取り巻いているだけで、見物に来た人々が城に入ろうとしても、一切咎(とが)めることもなかったらしい。よって、見物人たちはどんどん城内に入っていく。城の中には、逃げ出した旧幕府軍の軍人たちの持ち物が、そのまま放置されていた。そして、もう主のいなくなったそれらを、見物に来た人々は我先に手に取って、持ち帰ってしまったのだという。

人々のそのような振る舞いを目にしても、新政府軍は何もいわなかった。制止することもなく、ただ傍観していたのである。そのため、このことは一瞬で大坂中に広まった。今、大坂城に行けば、ただでお宝が手に入る——この話を聞きつけた多くの庶民が、喜び勇んで城に馳(は)せ参じたという。

そして、翌日。見物人たちが大坂城に雪崩れ込むと、そこで大爆発が起こった。仕掛けられていた「地雷火(じらいか)」が、炸裂(さくれつ)したのである。爆発に巻き込まれた人々は、黒焦げになって吹き飛ばされ、落命した。

先の商人は、後に恐ろしいことを聞く。「新政府軍は地雷火の瀬踏(せぶみ)のため、見物人を城に入れた」という話である。城内に仕掛けられた爆弾が残っていないか、それを調べるために庶民を使ったというのである。無邪気な人々は、「人身御供(ひとみごくう)」とされたのだった。

多くの見物人が爆弾の餌食となった後、入城は禁止された。もう十分に爆弾の探査は済んだので、新政府軍が入城するためである。そして庶民には、城から持ち帰った品々は、すぐに届け出るよう触(ふれ)が出された。もし隠すようなことがあれば、「厳罰」に処するとのことだった。それを恐れ、城から物を持ち帰った者は、誰もが返しに来たという。

大坂城から持ち出された物は、天満宮に集められ、そこでオークションが始められた。価値ある物が多かったため、この商人も主人と共に駆け付ける。一回目のオークションでは、随分良い品々がお得な値段で入手できたという。

しかし、二回目のオークションの結果は、参加者に知らされることがなかった。品物はどうなったのだろうか。この商人が調べてみたところ、なんと長州藩士が地元の船頭たちに買わせて、自国に運んだと判明した。回収された品々に、入札額をはるかに上回る価値のあることを知った、長州藩士の仕業だった。もちろんこれは、オークションのルールに著しく反する行為である。前章で紹介した瓦版「分鳥」は、このような悪行を目にした人々によって制作されたのだろう。

このエピソードは、新政府軍が私欲にまみれ、日々を懸命に生きていた庶民を限りなく軽視していたことを教えてくれる。果たして、彼らは一体誰のために戦ったのだろうか。それを知るためにも、西郷隆盛の手先として働いた一人の青年の運命をみてみたい。

相楽総三の最期

鳥羽・伏見の戦いの前年、慶応三年の秋から、相楽総三（さがらそうぞう）は江戸市中を集団強盗で荒らした。西郷たちの命に従って浪人たちを率いて暴れ、幕府を挑発した彼は、庄内藩兵による江戸の薩摩藩邸焼き討ちという、望んだ通りの結果を出してみせた。

この焼き討ちに対し、西郷はどのように反応したのだろうか。土佐藩士の谷干城（たにたてき）（一八三七～一九一一）は、京都に知らせが届いた直後のことを、次のように語っている。

> 西郷は其の時御所の後ろの何とか云つた大きな寺の門前の、素人屋とも宿屋ともつかない家に泊つて居たが、私が出懸けて見るとにこにこ笑ひながら「谷さん漸う漸う始まりましたよ」と云ふ
>
> ――西郷隆盛全集編集委員会編『西郷隆盛全集（第六巻）』（大和書房）

ようやく始まったというのは、新政府側と旧幕府側との「武力衝突」のことである。重度の犯罪者が薩摩藩邸を拠点としていたのだから、江戸の治安維持を正式に請け負っていた庄内藩新徴組の焼き討ちは、全くもって正当な行為だった。しかし、これに難癖をつけて、「旧幕府側が先に薩摩に攻撃を仕掛けた」という主張を行ったのが、西郷たち新政府側だった。それにしても、この一報に対して「にこにこ笑ひながら」自らの思

いを語った西郷の感性は、どう考えても為政者に不適格なものである。

さて、相楽総三という人物は疑念の余地なく薩摩藩にとっての功労者だった。戊辰戦争の口火を切ったのは、正確には彼だったのである。ただし、その無法な行いによって、罪のない人々を数多く傷付け、殺害し、財産を奪った悪党であるともいえる。疑いなく歴史に名を刻んだ彼は、一体どういう人間だったのだろうか。

相楽は、天保十年（一八三九）に江戸赤坂（現・東京都港区赤坂）で生まれた。父親は、下総国相馬郡椚木新田（現・茨城県取手市椚木）出身の裕福な郷士、小島兵馬（生没年不詳）である。相楽は、後のイメージからは意外に思われそうだが、国学と兵学を修めた後、私塾を開いて教育にも乗り出していた。私塾には、相当多くの門人がいたと伝えられる。

その後、父親から多額の資金援助を受け、尊王攘夷運動に身を投じた。このとき、相楽は二十五歳である。以降は、関東各地で義勇軍を形成したり、天狗党（尊王攘夷思想を持つ急進派）の筑波山事件（一八六四）にも参加したりしている。相楽は親から受け継いだ尊王攘夷思想を持ち、行動力に富んだ人物だった。

彼の運命は、西郷や大久保利通と交流を持ったことで、大きく変わることとなる。西郷らの命を受けて江戸で暴れ、鳥羽・伏見の戦いが終わった後、相楽は関東や東北の脱藩浪士や豪農商を集め、かの「赤報隊」を結成した。慶応四年（一八六八）一月八日のことである。「赤報」とは「赤心報国」、すなわち「赤心（嘘のない本当の心）を以って国恩に報いる」に由来するもので、国学を修めた相楽らしい名前である。隊員は約三百名。結成の地は、近江の愛知川（現・滋賀県愛知郡愛荘町）だった。

その後、相楽は新政府にある提案をする。それは、新政府が政権を奪取した暁には、天領（旧幕府領）の年貢を現在の半分にしてはどうか、というものだった。驚くことに、この大胆な建白は、新政府によって受け入れられることになる。相楽は大いに喜び、年貢半減令を喧伝しながら、赤報隊一番隊を率いて江戸に進軍する。このときこそが、彼の人生の絶頂期だった。

彼らが江戸を目指して進んでいた最中、新政府は政策を転換する。軍資金の不足が明らかになり、財政の強化のためにも、年貢半減令は不可能と判断したのである。また、慶応三年十二月九日（一八六八年一月三日）の王政復古の大号令以来、新政府は三井をはじめとする都市の特権的大商人の経済的援助によって持ちこたえてきたが、相楽の年貢半減令は、彼らの不評を買うことが明らかなものだった。

歴史学者の高木俊輔氏は、この件について次のように説明する。

結局新政府は、三井を代表とする都市大特権商人と結ぶことによって苦境を切り抜けたのだが、その見返りにこれら特権商人の要求を容れざるを得ない。三井などは、東山道の軍事費調達を一手にひき受ける代りに、新政府の年貢米の扱いを特権的に保証されることになった。年貢米扱いによる相場操作・譲渡による利潤抽出にとって、米扱い量を激減させる年貢半減令は障害以外のものではない。新政府の依頼を請ける条件として、三井らは年貢半減令の取消しを迫ったのだ。

——高木俊輔『明治維新草莽運動史』（勁草書房）

つまり、三井を代表とする大商人は、新政府の運営費と戦費を負担する代わりに、年貢米に関する特権を約束されていたのである。万が一、年貢半減令などが発せられれば、扱える年貢米の総量も半減し、その取り扱いによって生じる利益も激減してしまうことだろう。だから、彼ら大商人にとって、年貢半減令の施行は絶対に許容できないものだった。

経済的基盤たる大商人たちの機嫌を損なうことを恐れた新政府は、東山道先鋒総督府から赤報隊の引き返し命令を発出する。しかし、相楽の隊はそれに従わず、独自の判断から進軍を続けた。

この後の彼らは、一体どうなったのだろうか。なんと、相楽の隊は「偽官軍」と認定されたのである。誰が認定したのか。それはもちろん、新政府である。

進軍しながら相楽は、新政府軍が勝利すれば、天領の年貢半減令が施行されることを伝え広めていた。新政府が方針転換したと判明すれば、多くの人々が新政府に幻滅することは、火をみるよりも明らかである。ここで新政府が体面を保つためには、「初めから年貢半減令などはなかった」と主張するしかない。

年貢半減令を認めたことなど一度もなく、それを語り広めていた相楽とその隊は、「偽官軍」である。こう発表した新政府の東山道先鋒総督府は、三月になって信州下諏訪（現・長野県諏訪郡下諏訪町）において、相楽以下、赤報隊幹部八名を捕縛する。そして、彼らは当然であるかのように処刑された。新政府の面子を潰さないためだけに、命を奪われたのである。執行日は三月三日だった。相楽総三、享年三十。彼の妻も、相楽処刑の報を聞いて自死を選んでいる。

大坂城での庶民の扱いや、相楽たちの人生を知ると、この時期の新政府は国益などという立派なものではなく、傍若無人に私利を追求していたと結論づけるしかない。

「都風流トコトンヤレぶし」に記された六番の歌詞は、次のようなものだった。

〽雨のふるよな　てつぽの玉の　くるなかに
トコトンヤレ　トンヤレナ
命もおしまず　さきがけするのも　みんなお主の　ためゆゑじゃ
トコトンヤレ　トンヤレナ

この厳しい戦は、自分のためではなく「お主（主君＝天皇）のため」だと主張しているのである。これを最後に持ってきた辺り、さすが品川弥二郎というべきだろう。しかし、彼らの振る舞いをみる限り、誰がこの主張を信じられるだろうか。

第二節　河井継之助と長岡藩――「武装中立」という理想

陽明学という「爆弾」

佐藤一斎に大塩平八郎、山田方谷（ほうこく）、佐久間象山（しょうざん）、吉田松陰、そして高杉晋作（並びは生年順）。さて、彼らに「共通すること」は何だろうか。答えは、「陽明学を信奉していたこと」である。

　幕末の動乱を理解するためには、政治や経済などの状況だけではなく、当時の人の「心の中」にも分け入らなくてはならない。つまり、哲学や宗教を知る必要がある。

　この時期に大きな働きをして歴史に名を残した人々の中には、陽明学を信奉していた者が極めて多い。陽明学は儒学の一派で、中国の王陽明（一四七二～一五二八）によって生み出されたものである。その思想は実践に直結したものであり、幕府から官学級の扱いを受けていた朱子学を、知識のための知識を重視するものとして批判するところに、大きな特徴があった。

　本節の主人公、河井継之助（かわいつぐのすけ）（一八二七～六八）もまた、陽明学に強い影響を受けた人物である。彼は戊辰戦争という非常事態の中、微塵も臆することなく、また自身の信じるところを曲げず、鋭敏に動いた。その人生は、まさに「陽明学的」だったと表現する他ない。

継之助の藩政改革

戊辰戦争時、長岡藩主は牧野忠訓（ただくに）（一八四四〜七五）だった。しかし、この藩の命運を決し、実際に戦場で指揮を執ったのは、家老格だった河井継之助である。藩主の絶対的信頼を勝ち得ていた彼は、一体どのような人物だったのだろうか。

河井家は、継之助が生まれた文政十年（一八二七）の時点では、家禄百二十石だった。普通に考えれば、藩政に関わることのできるような職位に至るには、少々難しい生まれである。幼少時の継之助は気性が荒く、十二歳頃から文学や槍術（そうじゅつ）、馬術を習い始めても、理屈をこねて口答えするなど、余り従順な生徒ではなかった。しかし、十五歳になり藩校で学び始めた頃から、少しずつ学問に興味を持っていく。中でも、陽明学に惹かれたようで、十七歳のときには鶏を生贄（いけにえ）として裂き、王陽明を祭ったと伝えられている。

その後、江戸で斎藤拙堂（せつどう）（一七九七〜一八六五）や佐久間象山（一八一一〜六四）などから教えを受け、知見を深めていった。ペリーの黒船が浦賀に来航したのは、ちょうど継之助が江戸にいた頃である。黒船来航の後、幕府に倣い、長岡藩も在府の藩士に向けて藩政に関する建言を募った。ここで注目されたのが、継之助の意見だった。この建言の具体的内容の記録は残っていないが、継之助らしい過激なものだったと伝えられる。

継之助は、その建言が評価されたことで、目付格評定方随役（ひょうじょうがたずいやく）に抜擢（ばってき）されて帰藩することとなる。しかし、その後の彼はしばらく不遇の時期を過ごした。有力な派閥に属していたわけでもない、まさに成り上がり者だった彼の意見が、藩の中枢に届くことはなかったのである。

しかし、不遇であったからこそ、彼には更なる向学心が芽生えた。再度江戸に出た後、彼は備中松山藩（現・岡山県高梁市）に向かうこととなる。そこには、藩の財政を見事に立て直した陽明学者、山田方谷（一八〇五〜七七）がいた。安政六年（一八五九）、継之助三十三歳のときだった。

継之助は半年ほど方谷に学んだ上で、彼の『王陽明全集』を四両で譲り受けて、翌年帰藩する。その後の継之助は、自身に与えられた立場で、藩のために全力で仕事をした。結果として、慶応元年（一八六五）には郡奉行に任じられ、彼の本格的な藩政改革がここから開始されることとなる。

まずは財政を健全化し、次に軍事力を高めること。継之助による改革の特徴は、この二つに集約できた。まさに、「富藩強兵」である。例えば彼の財政改革は、経済的な豊かさを求めると同時に、人々の間に互助の精神を育成し、貧富の格差の是正も目指すなど、スケールの大きなものだった。陽明学に育まれた仁心が、見事に反映されたものといえる。

その後の継之助は、奉行格加判に昇進し、慶応三年（一八六七）の秋には、遂に御年寄役（中老）となった。京都から「寝耳に水の知らせ」が届いたのは、ちょうどその頃のことである。

「武装中立」という理想

京都からの報は、「慶応三年十月十四日に慶喜が政権を朝廷に返上した」という衝撃的なものだった。驚いた長岡藩主の牧野忠訓（ただくに）は、継之助と共に京都へと急いだ。

それから間もなくして、鳥羽・伏見の戦いが始まる。京都にいた長岡藩兵六十名は、暗越（くらがりごえ）奈良街道の大坂玉津橋（現・大阪市東成区）の警備に当たった。旧幕府軍として、である。結局、実際に戦うことはなかったが、戊辰戦争の初期、長岡藩は佐幕だった。それも、極めて積極的な佐幕である。鳥羽・伏見の戦いの前、藩主忠訓が朝廷、及び旧幕府関係者に向けて提出した建白書には、「幕府復活によって泰平の世を取り戻すべき」との内容が書かれていた。

旧幕府軍の敗戦が伝わると、継之助は藩兵を帰藩させて江戸に向かう。そこで彼が行ったことは、長岡藩の江戸藩邸と家財一式を処分して、大量の武器を購入することだった。中でも、当時の最新兵器であるガトリング砲やアームストロング砲を買い求めたことは、注目に値する。ガトリング砲など、当時の日本に三門しかなく、そのうちの一門を継之助が所持することとなったのである。

軍備を増強することによって、継之助は何を狙っていたのだろうか。旧幕府軍の一員として、新政府軍を蹴散らすつもりだったのだろうか。実は、彼は大量に購入した銃砲によって、戦をするつもりはなかった。強大な軍事力を後ろ盾に、藩の政治的中立を確保しようとしたのである。他の藩にはみられない、まさに独自路線だった。

しかしこの方針は、新政府側との、たった一度の、そして僅か三十分程度の話し合いで叩き潰されることとなる。世にいう、「小千谷談判」である。

長岡藩に帰った継之助の下に、新政府軍の北陸道先鋒総督府から、ある連絡が届く。それは、藩兵と軍資金三万両を差し出すことを求める「命令」だった。北越の他藩が新政府軍に次々と恭順の意を示していく中、継之助は荒業に出る。なんと、先の「命令」を黙殺したのだ。当然、プライドを大きく傷つけられた新政府軍は、軍を率いて長岡藩に迫った。

慶応四年（一八六八）五月二日、小千谷町（現・新潟県小千谷市）にある慈眼寺に、継之助の姿はあった。ここで、新政府軍の代表と、話し合いを行うためである。小千谷談判は、このようにして始まった。

新政府軍の代表は、東山道先鋒総督府軍監の岩村高俊（一八四五～一九〇六）。このとき、まだ二十四歳の土佐藩士だった。彼に対し、四十二歳の継之助はこのような話をした。

①新政府軍と敵対する意思はない。
②会津などから同盟への強い誘いがあり、藩兵及び軍資金の提供ができない。
③会津や桑名を征討したいのであれば、戦を避けるため、長岡藩が仲介をする。

④時間の猶予が欲しい。

継之助率いる長岡藩は、このとき、もう旧幕府軍ではなかった。この戦に際しては、武装しつつ、しかも中立を貫く。それが、継之助の結論だった。

この話に、岩村はどう反応したのだろうか。彼は、継之助の提案を一笑に付し、「時間稼ぎなど通用しない」と息巻いて、僅か三十分足らずでこの場を後にしたのである。

「公」の継之助と「私」の新政府軍

継之助の「武装中立」の根底には、まず領民への思いがあった。そして、藩の安定の先に、日本という国の平和と繁栄を希求していた。戦など、藩にも国にも、一切利するものではない。継之助には、それが痛いほどわかっていた。

しかし、若い土佐藩士の岩村に、この話の真意は理解されなかった。いやむしろ、真意がわかったとしても、新政府軍は長岡藩を攻撃したことだろう。その理由については、後ほど考えてみたい。

話し合いの決裂以降、継之助の動きは早かった。すぐに会津側の同盟に加入し、奥羽越列藩同盟が成立する。その後、戦闘態勢を整え、出兵した。「北越戦争」は、ここから開始された。

長岡藩は、まずは藩境にある要所、榎峠（えのきとうげ）（現・新潟県長岡市と小千谷市の間）を急襲した。ここは新政府軍の上田藩（現・長野県上田市）の兵に占領されていたが、長岡藩は彼らを一瞬で蹴散らした。フランス式軍制を取り入れ、最新の軍備で固めていた長岡藩は、新政府軍の想定を遥かに上回る戦力を持っていたのである。

五月十三日には、榎峠の東にある朝日山での戦いで、新政府軍の北陸道鎮撫総督府仮参謀、時山直八（一八三八～六八）が戦死する。大物指揮官の喪失は大きかったが、ここで新政府軍はある奇襲に出る。六日後の十九日、同参謀の山縣有朋（一八三八～一九二二）率いる部隊が、長岡城に総攻撃を加えたのである。このとき、長岡藩兵は出払っており、城は極めて手薄だった。

継之助もガトリング砲で反撃したが、多勢に無勢だった。結果、僅か一日で長岡城は新政府軍の手に落ち、藩主父子も避難する。しかし、長岡藩の驚くべきところは、これで終わらなかったことである。この後も、戦いは熾烈を極め、新政府軍は長岡藩を屈服させることができずにいた。

そして二ヶ月後の、七月二十四日の深夜。継之助は意外な作戦を実行する。それは、沼地であった八丁沖（現・長岡市富島町）を渡り、長岡城を急襲するというものだった。この作戦は見事に成功し、翌日に長岡城を奪還する。しかし、喜びは束の間だった。新政府軍が、即座に猛攻を仕掛けてきたのである。

そこで、継之助は左膝を撃たれて歩行不能に陥った。これが、決定打となる。継之助の指揮を欠いた長岡藩は、七月二十九日、またも長岡城を奪われてしまったのである。

継之助は担架で城から運び出され、残った藩兵たちは会津に向かった。難所の八十里越（現・新潟県三条市から福島県南会津郡只見町に至る街道）に差し掛かったとき、継之助は、自嘲気味にこのような句を詠んだ。

八十里　こし抜け武士の越す峠

傷口の化膿が命取りとなった。八月十六日、継之助はこの世を去る。

それから四十日ほど経った九月二十五日、長岡藩は正式に降伏を決定した。結果として、藩兵約三百四十名が戦死したのみならず、領民にも多くの死傷者が出た。城と城下町の九割近くが焼失し、戦争直後の長岡藩は、まさに焼け野原だったのである。

もし、新政府軍が長岡藩の中立を認めていたら、何が変わったのだろうか。多くの人が死なずに済んだ上、継之助のような卓抜した人物を、今後の日本を作るメンバーに加えられたはずである。日本は、無駄な内戦で有能な人材を失ってしまった。

それでは、長岡藩は新政府軍に恭順し、会津をはじめとした旧幕府軍を討つべきだったのだろうか。確かに、長岡藩の領民の命を最優先するならば、それも手だったかも知れない。しかし、その選択をすれば、旧幕府側に更なる死者と損害が出たに違いない。

そしてもう一つ、知っておくべきことがある。それは、継之助にとって新政府軍への恭順とは、すなわち「私欲に屈すること」と同義だったという事実である。

あの小千谷談判で、岩村高俊は継之助の提案を一蹴した。もし岩村に継之助の真意を解する知性があっても、彼は、そして新政府軍は、継之助の案を拒絶しただろう。それは、彼らの「第一の目的」は、「近代的な日本」の創設などではなかったからである。

新政府軍が作りたかったもの、それは何より「自分たちが政権の座にある日本」だった。正しい意味で「公」を志向し、正論を語る継之助は、新政府軍にとって最も邪魔なタイプの人間だったに違いない。

第三節　松平定敬と桑名藩――藩主不在に翻弄された藩士たち

「賊軍＝朝敵」に認定された藩

「徳川慶喜討伐令」が発せられた三日後の、慶応四年（一八六八）一月十日。新政府軍は、今後のターゲットを明確化した。旧幕府軍の中で主導的立場にあった藩主から、一斉に官位を剝奪（はくだつ）した上で、彼らを「天皇に歯向かう敵」、すなわち「朝敵」として認定したのである。

新政府軍にとって、自身に歯向かう敵は「朝敵」であり、このことが彼らの存在を思想的に正当化する、唯一にして最高の理由だった。この時点で、明確に「朝敵」とされたのは、次の六藩とその藩主である。

・会津藩（現・福島県会津若松市）　藩主・松平容保
・桑名藩（現・三重県桑名市）　藩主・松平定敬
・高松藩（現・香川県高松市）　藩主・松平頼聡
・伊予松山藩（現・愛媛県松山市）　藩主・松平定昭
・備中松山藩（現・岡山県高梁市）　藩主・板倉勝静
・大多喜藩（現・千葉県夷隅郡大多喜町）　藩主・大河内正質

この六藩の中でも、新政府軍が特に目の敵としたのは、会津藩と桑名藩だった。既に触れた通り、両藩の藩主、松平容保と定敬は実の兄弟である。そして、容保は文久二年（一八六二）に京都守護職に、定敬は元治元年（一八六四）に京都所司代に、それぞれ就任し、孝明天皇の下で慶喜と共に一会桑政権を確立し、少し前まで日本の実権を担っていた。

新政府軍にとって、一会桑のメンバーは、どのようにしても征伐したいターゲットだった。旧政権の中核を叩きのめすことは、自身に対する反逆の芽を摘むことにもなるからである。

かくして初めに討伐目標とされたのが、桑名藩と、その藩主の定敬だった。桑名藩は不幸にも、「朝敵」の汚名を着せられた藩の中で京都に最も近かった。

松平定敬と戊辰戦争

桑名藩主松平定敬は、弘化三年（一八四七）に生まれた。父親は、美濃高須（みのたかす）藩主（現・岐阜県海津市海津町高須）の松平義建（よしたつ）（一八〇〇～六二）である。義建にとって七男だった定敬は、桑名藩主の松平定猷（さだみち）（一八三四～五九）の婿養子となり、安政六年（一八五九）、家督を相続して桑名藩主松平家第四代となった。このとき、彼は僅か十三歳。若くして、十一万石の殿様となったのである。

定敬の性格について、残された記録はそれほど多くない。しかし、実父の義建が語った言葉から想像すると、負けん気の強い人物だったようである。また、兄の容保が、まだ十八歳だった定敬に京都所司代への就任を要請したことからも、このことは想像できる。当時から、頼り甲斐のある、芯の通った若者だったのだろう。

京都では運命共同体だった容保と定敬だが、二人にとっての戊辰戦争は、大きく異なったものとなる。

慶応四年一月六日の夜、徳川慶喜は大坂城を脱し、軍艦「開陽丸」に乗って江戸へと向かった。このとき、容保と定敬も、慶喜に追従している。つまり定敬は、桑名藩が新政府軍によって「朝敵」認定を受けたとき、既に自藩から遠く離れていた。

新政府は、「朝敵」藩が降伏する際、藩主の恭順を必要条件とした。ここでいう藩主は、「鳥羽・伏見の戦いの時点での藩主」を指す。だから、定敬を欠いた桑名藩が、先代の遺児である万之助（まんのすけ）、後の松平定教（さだのり）（一八五七～九九）を藩主に立てて新政府に恭順を申し出ても、それは認められることがなかった。

慶喜と江戸に脱出した定敬は、この後、どこに向かったのだろうか。しばらく江戸の会津藩邸に身を寄せていた彼は、一月二十九日に桑名藩の築地屋敷に移動している。ここに、町田老之丞（一八三八～九五）や立見鑑三郎（一八四五～一九〇七）ら、落ち延びた桑名藩士十七名が到着したのは、二月三日のこと。主戦派の彼らとの再会は、定敬の気持ちを揺り動かしたことと察せられる。

二月十日、定敬は容保と共に、江戸城登城禁止の処分を受けた。これを決定したのは、当然ながら慶喜である。このとき既に、慶喜は新政府への恭順の意を固めており、主戦派の人物を次々と周囲から排除していた。

慶喜は二月十二日、上野の寛永寺に入り、謹慎生活を始める。定敬にも謹慎の命が下り、彼は深川の霊巌寺に移動した。それからしばらくして、新政府軍が江戸に侵入すると、定敬は桑名藩の飛地である越後の柏崎（現・新潟県柏崎市）に向かっている。このとき、定敬と桑名藩士約百名は、長岡藩がチャーターしたプロイセン船に同乗した。

三月二十九日、柏崎に到着した定敬は、謹慎という「建前」で勝願寺に入った。ここで彼は、主戦派藩士の新軍制を定める。総勢約三百六十名となった藩士たちは、四部隊に分けられ、幹部は投票によって決められた。後の、雷神隊・致人隊・神風隊・大鷲隊（大砲隊）である。江戸城が無血開城されるのは、この新軍制が定められた数日後、四月十一日のことだった。

閏四月十六日には、定敬は桑名藩預かり地の美濃加茂（現・岐阜県美濃加茂市）に移動した。この後も彼は、適宜、戦に身を投じた藩士たちと連絡を取りつつ、会津、米沢、仙台と、各地を転々とすることになる。定敬は、直接戦闘を指揮したわけではないが、藩主が新政府に屈することなく転戦し、無事に生き延びているという事実は、主戦派にとってはこれ以上ない励みになったことだろう。

そして、寒さも厳しくなった十一月十四日。定敬は、戊辰戦争終焉の地、箱館（現・北海道函館市）に至る。軍艦「開陽丸」で仙台から蝦夷に彼を送り届けたのは、旧幕府海軍副総裁の榎本武揚（一八三六～一九〇八）だった。

こうして幕府復活のために奮闘した定敬だが、戦況が極めて厳しくなると、榎本の薦めに従って箱館から離れることを決意する。翌年（一八六九）四月七日のことだった。その六日後、彼はアメリカ船に乗って横浜を目指す。これで、定敬の戦争は終わるかに思われた。

だが、横浜に到着した人々の中に、定敬の姿はなかった。彼はそのまま、中国の上海まで密航したのである。路銀が尽き、彼が横浜に帰還したのは、五月十八日のことだった。

同日、箱館では榎本武揚が降伏し、五稜郭が開城された。翌々日、定敬も正式に降伏し、ここにおいて、彼の長い戦争が終わりを告げたのである。

藩主を欠いた桑名藩

定敬の戊辰戦争は、苦難と屈辱に満ちたものだった。しかし同じように、彼の残してきた桑名藩の人々も、さんざん苦汁を嘗めさせられたのである。

鳥羽・伏見の戦いの結果と、藩主定敬の動向は、慶応四年一月十日の朝、桑名藩にもたらされた。旧幕府軍が敗退し、定敬が江戸に下ったことを聞き、城下は大混乱に陥ったという。初めは主戦論が盛り上がったが、よくよく考えれば、藩に残った武士は五百名程度であり、それも老幼が中心だった。武器も不足しており、今から集めようにも時間が足りなかった。

桑名城（現・三重県桑名市）も、戦いに適した構造とはいえないものだった。平城であり、ここを砦に戦を行うことなど、とても無理である。鳥羽・伏見の戦いで敗走した旧幕府軍も、海路で脱出するために紀州藩を目指しており、彼らの助太刀は期待できなかった。

このような状況にあったものの、藩論は恭順にまとまらなかった。当然である、自分たちは何もおかしなことはしていない。「私欲」に突き動かされた薩長が政権を獲得しようと暴れているだけであり、桑名藩には「義」に反する行いなど、一切なかった。つまり、恭順とは理不尽な暴力に屈服することを意味していた。

激論の末、藩の意見は次の二つ、「守」と「開」に分かれた。

①「守」……城に籠もって戦い、討ち死にする。
②「開」……開城し、万之助と共に江戸に向かい、定敬と合流して再起する。

最終的に、決断は「神頼み」となった。藩祖の神前で神籤（みくじ）を引いて、「守」か「開」を決めようというのである。家老の酒井孫八郎（まごはちろう）（一八四五〜七九）が、この神籤を引く役目を引き受けた。果たして、彼の手が引き当てた神籤には「開」の文字があった。江戸に向かうことに決定、というわけである。

ところが、この後、猛烈な反対意見が寄せられる。それは、評定に参加できなかった、下級藩士たちの声だった。この背景には、江戸に向かうにしても、それを拒絶して藩に残るにしても、藩から手当は一切出ないという問題があった。武士であっても、家族があり、生活がある。追加の賃金が出ないのであれば、目ぼしい私財のない下級藩士たち、そして家族は、のたれ死ぬしかない。現実的な訴えに、藩の方針はまたも揺れ動く。移動にも戦にも、まずは金が必要だった。

背に腹は代えられない。桑名藩は、僅か十歳の万之助を藩主に立てて、新政府に恭順することを決めた。かくして、一月二十三日の夜、万之助と従者たちは、四日市（現・三重県四日市市）に進駐していた東海道鎮撫（ちんぶ）総督府に出向く。結果、桑名城を明け渡すこと、そして、帯刀の者を寺院で謹慎させることを命じられた。

これを受け、桑名藩は、上級藩士から足軽以下に至るまで、武士全員を城下の八ヶ所の寺院に立ち退かせた。万之助は法泉寺で、藩政を預かっていた酒井孫八郎は本統寺で、謹慎生活に入った。こうして、新政府軍は一月二十八日、桑名城を無血で受け取ることに成功したのである。

なお、桑名城の管理、及び謹慎する藩士の見張り役は、尾張藩と津藩（現・三重県津市）が命じられた。そう、新政府は、このような「雑用」に関しては、自らに恭順した藩に行わせていたのである。もちろん、費用も人員も、彼らに負担させている。

この後、酒井を中心として、桑名藩が宥免（罪の免除）を得るための活動が始まるが、藩士は監禁されており、城下での行動も厳しく制限されていたことから、それは困難を極める。ようやく藩士の大半が自宅に戻れたのが、閏四月三日であり、万之助と要職に就いていた人々が寺院から出られたのは、十月一日のことだった。八ヶ月以上、衛生状態もよくない中で監禁されていたことになる。

しかし、この時点でも、桑名藩の宥免は得られていなかった。それは、定敬が抵抗を続けていたからである。藩の平和を取り戻し、藩主松平家の存続を実現するためには、定敬の降伏が必要だった。

酒井はここで、一大決心をする。自らで定敬を追い、直々に説得することを決めたのである。そして、十二月二十四日、彼は生駒伝之丞（生没年不詳）と共に、箱館に到着する。榎本武揚、土方歳三（一八三五〜六九）らとも会談し、定敬を粘り強く説得した結果、酒井は定敬を箱館から連れ出すことに成功した。しかしながら、定敬がそのまま上海まで逃亡してしまったのは、既に述べた通りである。

定敬の降伏によって、桑名藩は許されたのだろうか。新政府は、それほど甘くなかった。桑名藩士にして、最後は新選組に入隊して箱館戦争を戦った森常吉（一八二六〜六九）が、藩の全責任を背負って切腹させられたのである。

彼は、次のような辞世の句を遺した。なお、句中の「君」とは、定敬のことである。

嬉しさよ　尽くす誠のあらわれて　君にかわれる死出の旅立ち
なかなかに惜しき命にありながら　君のためには何いとうべき

明治五年（一八七二）元日、定敬の長い謹慎生活が終わりを告げた。彼は戊辰戦争に何を思い、文明開化を高らかに謳う新政府をどうみたのだろうか。その本心が言葉として表現されることは、遂になかった。

第四節　松平容保と会津藩——戊辰戦争最大の惨劇

旧幕府軍の最強藩

ここに掲載したのは、「子供遊角力」という表題のついた風刺錦絵である（図11）。土俵に上がっている二人の力士は、右の「籠目山」が薩摩藩で、左の「椀ヶ淵」が会津藩を表している。それぞれ腰に巻いた着物がヒントになっていて、右は「サ」と「つ」の染め抜き、左は絵ロウソクの柄から読み解ける。なお、「天下泰平」の軍配団扇を持つ行司は、羽織の「菊の紋」から、明治天皇である。

すでに述べた通り、風刺錦絵に描かれた会津藩は、そのほとんどが主役級の存在感を発揮している。このことは、江戸の庶民が「旧幕府軍で最も頼りになるのは、旧将軍の慶喜ではなく会津藩である」と考えていたことの証左だろう。彼らは、会津藩を中心に旧幕府軍がまとまれば、新政府軍に打ち勝てると信じていたのである。

事実、会津藩主の松平容保（一八三六〜九三）は、新政府軍と一戦交える気持ちを持ってはいた。全く理不尽な戦を仕掛け、かつての盟主である徳川家の慶喜に「朝敵」などという汚名を着せた新政府軍は、絶対に許せなかったからである。

しかし藩の決定は、藩主だけではなく、領民の人生をも左右する。慶応四年（一八六八）四月二十九日、仙台藩と米沢藩、及び会津藩の重臣によって、戦を回避するための話し合いが行われた。仙台、米沢の両藩は、新政府軍から会津藩征伐を命じられていたが、何の非もない会津に攻め入るなど、何としても避けたかったからである。

この会談によって、渋々ながら、会津藩は新政府軍に恭順することを決めた。これで、領民の生活は守られるはずだった。会津藩が、仙台藩と米沢藩を経由して、奥羽鎮撫総督府に提出した嘆願書には、藩主容保が城外で謹慎し、新政府の裁きを待つ旨が記されていた。力の前に、最大限の譲歩をしたのである。

図11　錦絵「子供遊角力」（慶応四年版行、著者所蔵）

それに対し、新政府側はどう反応したのだろうか。驚くことに、恭順を一切受け入れず、仙台藩と米沢藩に、早急に討ち入ることを命じたのである。これで、開戦は避けられない状況となった。

松平容保と家訓

戊辰戦争において「最大の悲劇」とされる会津戦争の話に入る前に、藩主の来歴を概観しておきたい。

天保六年十二月二十九日（一八三六年二月十五日）、容保は美濃高須藩主の松平義建の六男として生を受けた。幼名は、銈之允（けいのすけ）。後に桑名藩主となる定敬は、十一歳下の弟である。容保は十一歳のとき、会津藩主の松平容敬（かたたか）（一八〇四〜五二）の養子となるが、容敬は容保にとって実の叔父でもあった。

若い頃の容保は、残された写真をみても、まさに美丈夫そのものである。この恵まれた容姿の少年に、容敬は会津藩流の教育を施した。その中核となったのは、寛文八年（一六六八）、徳川家康の孫に当たる会津松平家初代の保科正之（ほしなまさゆき）（一六一一〜七三）によって作られた「家訓（かきん）」であり、これこそが会津藩のアイデンティティというべきものだった。

この家訓は十五ヶ条で構成されており、その第一条は次の通りである（原文は漢文）。

大君の儀、一心大切に忠勤を存すべく、列国の例を以て自ら処る（お）べからず。
若し（も）二心を懐かば、則ち我が子孫に非ず、面々決して従うべからず。

冒頭の「大君」とは、将軍のことである。つまり、ここで説かれているのは、徳川家に対しての「絶対的な忠誠」だった。もし、徳川家に「二心」、すなわち「裏切りの心」を持つ藩主が現れたならば、それは本質的に藩主に値しない者であり、家臣はそのような者に従ってはならない、とまで記されている。

そして、第十二条にも注目すべき内容が書かれている。

政事（まつりごと）は利害を以て道理を枉（ま）ぐべからず。僉議（せんぎ）は私意を挟みて人言を拒むべからず。
思う所を蔵せず、以てこれを争うべし。甚だ相争うと雖（いえど）も我意を介すべからず。

政治は「利害」ではなく、道理に基づいて行われなくてはならない。また、評議には「私意」を挟んではならず、争う場合にも「我意＝わがまま」を介してはならない。やや読みにくい文章だが、「利害」、「私意」、「我意」という否定された語から考えれば、「私利私欲」を追求することがないよう、強く戒める内容であると理解できるだろう。「徳川家への忠心」と、「私欲の強い否定」。会津松平家の家訓は、この二本柱で支えられていた。そして、戊辰戦争時における容保の行動は、まさにこの家訓に沿ったものだった。

慶応四年一月六日の夜、徳川慶喜に付き従って大坂城を脱し、軍艦「開陽丸」に乗った容保は、定敬と共に新政府軍への徹底抗戦を主張した。しかし、それを慶喜が受け入れず、登城禁止の処分を受けると、潔く会津に退いて謹慎している。

その後、奥羽鎮撫総督府から東北諸藩に会津征討令が出ると、重臣たちを通じて、自藩と領民が傷つくことを避けるための方策を探った。容保が自身のプライドを守るためにとった行動など、どこにも確認することができない。

ところが、会津が遂に恭順の意を示しても、新政府軍はそれを受け入れることがなかった。その理由については諸説あるが、最も有力とされているのは、「会津藩は恭順の意を示しつつも、「武装解除していなかったから」というものである。しかし実際は、新政府軍はどのようなことがあろうと、会津に戦争を仕掛け、血祭りに上げるつもりだったのではないだろうか。

その背後に、禁門の変（一八六四）で敗れて以来、長州藩が会津藩に対し、抱き続けていた怨嗟の念があったことには疑念の余地がない。しかし、もう一つ重要な理由がある。それは、戊辰戦争の風刺錦絵に明らかなように、多くの庶民、特に江戸っ子たちが会津藩を旧幕府側の代表として支持していたことである。

だから、こういわなくてはならないだろう――旧幕府の面影を、人々の「心」から完全に消滅させるためには、旧将軍の慶喜ではなく、会津藩こそを完全に潰さなくてはならなかった、と。

過酷極まる籠城戦

会津藩の恭順を認めず、武力による征討を強硬に主張していたのは、奥羽鎮撫総督府参謀の世良修蔵（一八三五～六八）だった。彼は当時三十四歳、性格は豪勇と評される。奇兵隊で書記、第二奇兵隊で軍監を務めたという経歴を持つ長州藩士だった。

仙台藩は、福島に滞在していた世良の下に、会津藩に対する寛大な処置を請願するための使者を送るが、世良はこれを完全に拒否した。憤慨した仙台藩士は、慶応四年閏四月二十日の未明、宿で眠っていた世良を急襲し、暗殺する。しかし、世良がいなくなっ

図12　錦絵「朝比奈ねむけざまし」（慶応四年版行、著者所蔵）

ても、新政府軍の会津藩への対応は一切変わらなかった。

この後、東北二十五藩が仙台藩を中心に同盟を結ぶ。更に、長岡藩など六藩も加わり、五月六日には三十一藩による攻守同盟、奥羽越列藩同盟が成立した。ここに、新政府軍と奥羽越列藩との全面戦争の火蓋が切られたのである。

奥羽越列藩同盟には、江戸の庶民も大いに期待した。当時出された錦絵「朝比奈ねむけざまし」は、戊辰戦争の風刺物では珍しく三枚組の大作である（図12）。改印があるため、これは慶応四年五月版行とわかる。

強烈なインパクトの巨人は錦絵や歌舞伎、見世物で江戸の庶民に親しまれていた猛者、朝比奈義秀（一一七六～没年不詳）で、彼の後ろに旧幕府軍、彼の前に新政府軍がいるという構図になっている。新政府軍の中には朝比奈を恐れて逃げ出している者もいるが、この朝比奈は何者を表しているのだろうか。「奥羽越列藩同盟自体」か「列藩同盟の盟主となった輪王寺宮」か、そのどちらかだと思われるが、私は前者と確信している。少なくとも、旧幕府勢が息を吹き返している描写から、朝比奈が同盟に関わるものであることは間違いない。

しかし、江戸の庶民の期待とは逆に、戦況は圧倒的に新政府軍有利で推移した。七月十三日には磐城平城（現・福島県いわき市平）が陥落、二十六日には三春藩（現・福島県田村郡三春町）が降伏し、二十九日には二本松城（現・福島県二本松市）が落ちる。そして二本松城陥落の同日、長岡城が再び新政府軍に奪われた。日毎に、新政府軍は会津に迫ってきていた。

一般に「会津戦争」と呼ばれているのは、八月二十三日の戸ノ口原（現・福島県会津若松市湊町と河東町）の戦い以降の約一ヶ月間のもので、これが戊辰戦争において「最大にして最悪の戦闘」だった。

戸ノ口原の戦いによって、戦死した会津藩士は約四百六十名。ただし、命を落としたのは兵士だけではない。足手まといになったり、新政府軍に恥辱を受けたりすることを嫌がり、自死を選ぶ女性も多くいた。その数、約二百三十名。僅か一日で、約七百名の会津の人々が落命したのである。

飯盛山から鶴ヶ城（若松城、図13）が燃え上がるのを目にして、落城と誤解した白虎隊の少年兵二十名が自刃したのも、この日のことだった。

会津に来ていた桑名藩主にして実弟の松平定敬も、この日に容保より米沢行きを促され、出発した。直後に容保も帰城するが、それは滝沢村（現・会津若松市一箕町）に構えた本陣にも敵軍の砲弾が届き始めたからだった。ここから、凄惨な籠城戦が開始されることとなる。

鶴ヶ城には、千五百名を超える非戦闘員がいて、籠城戦のために働いていた。特に、怪我人の看護や、弾薬の製造を請け負った女性たちの役割は、極めて大きかった。彼女たちの奮闘によって、この戦いは長期化したとさえいえるほどである。結果的に、籠城戦は約一ヶ月に及んだ。

図13　戊辰戦争後の会津鶴ヶ城（明治・大正期の絵葉書より）

新政府軍は、降伏した兵士や、城から逃げ出した人々を捕え、彼らから城内の様子を聞いていた。日々減っていく食料に、酷くなる一方の衛生状態。冷え込みが厳しくなる中、衣服すらも不足していたという。それを認識しながら、新政府軍は一切の交渉を閉ざして、鶴ヶ城に弾を撃ち続けたのである。その冷酷さは、一体何によってもたらされたものだったのだろうか。

会津戦争最後の数日、鶴ヶ城内には悲鳴が響き渡っていた。そこかしこに血だまりができ、脳漿が飛び散っていた。何とか生きながらえていた人々が、次々に打ち込まれる砲弾の餌食となったのである。冬になる前に、決着をつけたい。新政府軍の考えは、これだけだった。

九月二十二日、容保は、城頭から白旗を上げさせた。会津側だけで三千人以上の犠牲者を出したと伝えられる悲劇の戦争が、ようやく終わりを告げたのである。

戦後の厳しい処分

戦いが終わった後、城内にも城下にも、会津の人々の遺体が散乱していた。これに対し、十月に設立された新政府の民生局は、極めて粗雑な埋葬のみを命じた。城内の遺体は、二つある井戸に次々と投げ込まれたという。城下に散乱した遺体については、厳しい冬に入ったこともあり、多くが浅く埋められた程度であり、完全に放置されたものも少なからずあったという。露出した遺体は、野犬に喰われ、烏に啄まれ、最低限の尊厳さえ奪われた上で朽ちていった。

当初、新政府は、戦死した会津藩士の遺体を罪人塚に埋葬する心積もりでいた。しかし、明治二年（一八六九）二月、若松取締を命じられていた会津藩士の町野主水（一八三九〜一九二三）らの尽力によって、千二百八十一体の遺体は阿弥陀寺（現・会津若松市七日町）に、百四十五体の遺体は長命寺（現・会津若松市日新町）に改葬された。この際、鶴ヶ城の井戸から損傷の激しい遺体を引き上げる作業は、想像を絶するものだったと記録されている。

降伏した後の会津藩にも、過酷な運命が待っていた。所領は没収され、容保は鳥取藩（現・鳥取県鳥取市東町）預けの禁錮（きんこ）に処せられた。家名の存続が許されるのは明治二年のことであり、誕生間もない容保の嫡子、松平容大（かたはる）（一八六九～一九一〇）を藩主として、斗南藩（となみはん）（現・青森県東部）が成立した。

これが意味するところは何だろうか。そう、家名は再興できたが、死力を尽くして会津を守った藩士の多くが、愛する故郷から立ち退かなくてはならなくなったことである。同じ「朝敵」藩に認定され、しかも藩主同士が兄弟だった桑名藩の戦後と比較すると、会津藩への処分の重さは一目瞭然（りょうぜん）である。桑名藩は、所領を十一万石から六万石に減らされただけで、存続が許されたのだった。

しかも、斗南藩は三万石とされていたものの、半年雪に覆われる痩せた土地にあり、実収は七千石ほどだった。移住した藩士の多くは極貧生活を強いられ、飢餓と戦い続けなくてはならなかったのである。

図14　晩年の松平容保肖像画（明治・大正期の絵葉書より）

それでは、容保（図14）はどうなったのだろうか。彼は、斗南藩預け替えとなった後、明治五年（一八七二）に蟄居を免じられ、自由の身となる。しかし、その後は政治の世界からは距離を取って生きた。明治十三年（一八八〇）には、日光東照宮の宮司に就任している。歌を詠むことには精力的だったが、過去について彼が書いたり語ったりすることは、一切なかった。

第五節　最後まで負けなかった庄内藩

決め手は最新の兵器

戊辰戦争において、新政府軍は強かった。これは一切の疑いを入れることのできない、厳然たる事実である。

彼らの強さの秘密は、おそらく二つあった。一つは、恭順した藩に戦費と人員を要求し、場合によっては、率先して「朝敵」とした藩へ攻め入ることを命じるという、情け容赦ない姿勢だったこと。そしてもう一つは、特に薩長の兵士たちが、最先端の洋式兵器で固められていたことである。

兵器の性能の差は、決して精神や肉体の力で埋められるものではなかった。例えば、会津の兵士たちは、精神の面でも肉体の面でも最高のレベルにあったが、槍や刀で新政府軍のアームストロング砲に勝つことは、到底できなかった。

そうであれば、最新鋭の兵器さえあれば、新政府軍に対抗することはできただろうか。この答えを、身を以って示したのが、酒井忠篤（一八五三〜一九一五）を藩主にいただく庄内藩（現・山形県鶴岡市）である。

薩摩藩の私怨と庄内藩の慈愛

庄内藩と薩摩藩との因縁は、慶応三年（一八六七）の終わり頃に生まれた。江戸市中で強盗を繰り返していた集団を追い、薩摩藩の江戸藩邸を焼き討ちしたのが、庄内藩の指揮下に置かれた新徴組だった。新徴組は江戸の治安を守っていただけであり、どう考えても非があるのは薩摩藩の方だが、これを理由に戊辰戦争は始まった。

ただし、鳥羽・伏見の戦いの後、しばらくの間、新政府軍は庄内藩を討伐対象に指定していなかった。藩主忠篤の官位が剝奪され、庄内藩に正式な討伐令が出されたのは、慶応四年（一八六八）閏四月五日のことである。このとき、既に奥羽鎮撫総督府と庄内藩との戦闘は開始されていた。

正式に討伐令が出された後も、庄内藩の「罪状」は判然としなかった。果たして、なぜ庄内藩は「賊軍」なのか。実は、これに相当するような理由は、もともと存在しない。薩摩藩の私怨こそが、庄内藩を叩く理由だったからである。ただ単に、彼らは薩摩藩邸を焼き討ちされた恨みを晴らしたかったのだろう。これほどに、「逆恨み」という言葉が相応しい状況はない。

しかし、庄内藩には他の旧幕府勢と全く異なる強みがあった。彼らには実質二十万石ともいわれる驚異的な経済力があり、それは藩内の豪商や豪農に支えられていた。特に、当時の「日本最大の地主」ともいわれる本間家の存在は、極めて大きい。「本間様には及びもせぬがせめてなりたやお殿様」と詠まれた、あの本間家である。

本間家の当主だった本間光美（一八三六〜一九一三）は、慶応四年四月に、実に九万三千両を戦費として藩に上納している。この時期の一両は、現在の貨幣価値では三万五千円程度で、それで計算すると三十二億五千五百万円という巨額になる。

この潤沢な資金を基に、庄内藩は最新の兵器、例えば七連発のスペンサー銃や、スナイドル銃を買い集めた。売り渡したのは、プロイセン出身の武器商人、シュネル兄弟である。薩長にはスコットランド出身のトマス・グラバー（一八三八〜一九一一）が兵器の斡旋をしていたが、こう考えると、戊辰戦争という熾烈極まる内戦の背後には、外国の武器商人の暗躍があったことがわかる。

庄内藩にとっての戊辰戦争は、四月二十四日より始まった。この日の早朝、清川口（現・山形県東田川郡庄内町）に向かった庄内軍が、新政府軍の奇襲を受けたのである。しかしこれ以降、庄内藩は戦いを優位に進めた。奥羽越列藩同盟から、半ば裏切りの形で離脱した新庄藩（現・山形県新庄市）を攻めたときは、ごく僅かな時間で城を落としている。

その後の対応についても、新政府軍とは対照的だった。庄内軍は、新庄藩の領民に対し、まずは当年分の年貢半減を約束する。戦によって日常生活が乱され、また実際に城下が相当に焼けたことへの救済策である。加えて、新庄軍の投降者にも、生命の保証と今後の登用を約束した。まさに、慈愛に満ちた鎮撫である。

結果、庄内藩統治下において、新庄藩に大きな治安悪化は生じなかった。

庄内軍の象徴、酒井玄蕃

庄内藩は、武器だけでなく、軍制においても洋式を採用する。中心となったのは四大隊で、そこに十分な性能の武器を所持した民兵なども加わり、庄内藩の戦力は相当な高みに達していた。

このことに加えて、彼らには卓抜した指揮官がいた。その代表が、二番大隊の隊長、酒井了恒（のりつね）（一八四二～七六）である。父祖代々の通称「玄蕃（げんば）」から、敵に「鬼玄蕃」と恐れられた庄内藩中老だが、このとき、彼はまだ二十七歳だった。

戊辰戦争において、二番大隊を連戦連勝に導いた酒井玄蕃は、庄内藩主酒井家の分家である酒井玄蕃家に生まれた。幼い頃から剣術に長（た）けていただけでなく、読書を好んだ上、楽器の才能もあり、まさに文武両道を体現した人物だった。

新政府軍はおおむね道徳的水準が極めて低く、分捕りはもちろん、彼らによる強盗も頻発したと語り継がれているが、庄内軍はこの真逆だった。略奪や暴行を一切許さず、幹部は兵士を厳しい軍規で律していた。特に、非戦闘員の人命は、何より尊重するところだった。

玄蕃は、この庄内軍を象徴する有徳の士だったとされる。戦闘となると「鬼」と化すが、それが終わると、僅かな休息時間を使って彼は詩作に勤しんだ。非常時であろうとも、文化的であることを止めなかったのである。

この優雅さは、軍旗にも反映されていた。二番大隊は、紺地に北斗七星を金色で描いた「破軍星旗」を、戦の度に翻したという。それは、錦の御旗とはまた違った意味で、敵軍に底知れぬ恐怖を与えるものだった。

新庄城を容易に陥落させた後も、八月十一日には横手城（現・秋田県横手市）を落とすなど、二番大隊は破竹の勢いで進む。そして、彼らはただ強かっただけではない。横手の戦いで命を落とした敵兵の亡骸も、庄内軍の兵士によって手厚く埋葬された。加えて、墓標まで立てられたことが記録されている。

面目丸潰れの新政府軍は、この後、薩摩兵を中心として一気に大人数を投入する。これによって、戦況はやや膠着した。しかし、それは飽くまで短期的、かつ表面上のことだった。

八月十五日の夜には、庄内軍は餅をつき、月見を行ったという。まだ、これほどの余裕を残していたのである。そして当たり前のように、新政府軍は再び圧され始めた。

この後、庄内軍は久保田城（現・秋田県秋田市千秋公園）目前まで迫ることとなる。

しかし、新政府軍は切り札を投入して、彼らを喰い止めた。七連発のスペンサー銃を装備した、長崎の振遠隊（しんえんたい）である。彼らの登場によって、戦力的には、五分と五分になる。だが、指揮官に違いがあった。

玄蕃は二番大隊の小隊である権蔵隊（ごんぞうたい）に指示し、山中から敵軍の左翼に回り込ませた。これが見事に成功し、予期せぬ方向から銃撃を受けた振遠隊は、潰走することとなる。新政府軍は強かったが、庄内軍は更に強かった。特に、「鬼玄蕃」率いる二番大隊は驚異的な戦力だったのである。

しかし、彼らをしても、時代の波に抗（あらが）うことはできなかった。庄内藩の奮闘の一方、周辺の同盟藩たちは、新政府軍の武力に屈し始める。そして戦が長期化する中、玄蕃も体調に異変を来（きた）し始めるのだった。

庄内藩の降伏と西郷

七十日も激しい戦闘が続き、しかも季節は秋を迎えていた。涼しいのを通り越して、雪が降り真冬のような気候が続いた。玄蕃は遂に、発熱して倒れる。ただの風邪ではないような症状だったと伝えられる。

同盟藩の奮闘も、限界に達していた。八月二十四日、同盟の中心藩の一つだった米沢藩が降伏する。そして新政府軍は米沢藩に対し、抗戦している諸藩に降伏を勧告することと、降伏を拒絶する藩があれば討伐することを、命令する。新政府軍のスタンスは、一貫していた。恭順した藩に、少し前まで味方だった藩を攻撃させるのである。

戦いを続けていた上山藩（現・山形県上山市）も、米沢藩の勧めに従い、恭順を決定した。同藩の使者として玉造権左衛門（生没年不詳）が、戦場から撤退することを告げにきたとき、病身の玄蕃は次のような内容を伝えたという。

・我が藩のことは心配無用。ただ、貴藩が無事であることに、心を砕いてほしい。
・我が藩の方針は、まだ伝えられていない状況である。今後も同盟に残るにしても、脱退した他藩を傷つける意思は全くない。ここまで死生を共にしてきた貴藩に至っては、もはやいうまでもない。
・もし、貴藩が矛を逆さにし、我が藩に迫るようなことがあっても、怨むことなどありえない。

戊辰戦争は、まるで「近代と近世の戦い」であるかのように表現されることがある。それは、開明的な思想を持つ新政府軍が、時代に取り残された頑冥な旧幕府軍を征伐したという「物語」である。しかし、庄内軍の姿勢をみる限り、野蛮で時代遅れなのは、新政府軍だったのではないか。

味方を少しずつ欠き始めた庄内藩に対し、恭順した諸藩を取り込み、自軍の兵士と財力を雪だるま式に増強した新政府軍。玄蕃率いる二番大隊も、この残酷な現実の中で、攻めから守りに転じることとなった。自領に新政府軍が攻め入ることを防ぐのが、何より重要だったからである。

秋も深まった九月十五日、遂に仙台藩が降伏した。これで、奥羽越列藩同盟の中心だった仙台藩も米沢藩も、新政府軍に恭順したことになる。連戦連勝を続け、自藩の領内に一度も敵を入れなかった庄内藩も、心を決めるときがきた。九月二十六日、庄内藩の戊辰戦争が終わる。いつの間にか、元号が明治に変わっていた。

藩主の忠篤は謹慎を命じられ、所領を没収される。その後、転封を繰り返すが、明治三年（一八七〇）、酒井氏は庄内藩への復帰を許された。ただし、藩名は「大泉藩」へと改められている。新政府軍に徹底抗戦を続けた藩としては、比較的軽い処分に終わったといえるかも知れない。特に、戦後の会津藩に対する扱いと比較すれば、そう判断せざるを得ないだろう。

庄内藩に対する寛大な処分には、西郷隆盛の意向があったと伝えられる。厳しい軍規を守り、立派な戦いを繰り広げた庄内藩に対する、西郷の敬意の表れだという。実際に、これを知り感激した庄内藩士は多かったようで、ここから庄内と薩摩の深い親交が始まっている。

西郷という人間は、軍人としての「感覚の鋭さ」が尋常ではなかった。しかし、庄内藩に新政府軍が勝っていた点は、兵の数だけである。庄内軍は、特に精神の面で、薩摩をはじめとする新政府軍を圧倒していた。戦後、庄内藩を「賊軍」として厳しく罰したならば、同藩の奮闘は「伝説」として語り継がれ、神格化されたことだろう。それは、新政府の今後にとって、計り知れない脅威となる。

これを喰い止めるためには、新政府がより大きな心で、庄内藩を「赦す」しかなかった。それは、西郷本人のプライドを回復するためでもあったことだろう。

戦後の庄内藩を本当に救ったのは、西郷などではない。かの富豪、本間家である。明治二年（一八六九）、庄内藩が新政府に多額の献金を命じられたとき、またも私財を投げ打ち、三十万両の大半を工面したのが本間家だった。これによって、庄内藩は救われたのである。

なお、二番大隊の隊長として八面六臂の活躍を見せた酒井玄蕃は、明治四年（一八七一）、大泉県の権大参事（副知事にあたる）に就任するなど、大いに故郷の発展に寄与した。しかし、戊辰戦争中に患った病がただの風邪ではなく、重い肺病であったため、それと闘い続けなければならなかった。そして明治九年（一八七六）二月五日、三十四歳で短い生涯を終えている。

第三章　旧幕府軍から眺めた明治維新

第一節　江戸の町と民を守った勝海舟――幕末の三舟①

明らかな「誤り」

慶応四年（一八六八）四月十一日、江戸城は一切の武力衝突を生じず、新政府軍に明け渡されることとなった。いわゆる、「無血開城」である。この「事件」が取り上げられるとき、必ず登場する人物が二名いる。旧幕府軍の陸軍総裁だった勝海舟（かいしゅう）（一八二三～九九、図15）と、新政府軍の東征大総督府参謀だった西郷隆盛である。

無血開城の約一ヶ月前である三月十三日、彼らは江戸高輪（たかなわ）（現・東京都港区高輪）の薩摩藩邸で面会した。この日はいくつかの事項に関する確認だけが行われ、本格的な交渉は翌日、田町（港区芝）の薩摩藩蔵屋敷で行うこととなる。結果、両名を中心とした二日間の会談によって、一切の衝突を伴わず、江戸城は新政府軍に開放されたのだった。

以上は、疑うべくもない事実である。しかし、この事実から、次のようなことが語られるとき、違和感を覚えずにはいられない。

勝と西郷の努力によって、江戸の町と、そこに住む百万の民衆は守られたのだ——。

これは、明らかに「誤り」である。新政府軍は江戸に攻め込んできて、そこで戦争を行おうとしていた。降伏条件を整理し、この戦争を喰い止めたのは、勝であって、西郷ではない。あるいは、物わかりのよい西郷がいたからこそ、江戸の町を火の海にすることを阻止できたという見方もあるだろう。しかし、百歩譲っても、西郷は江戸を守った功労者などではない。政権を暴力で奪おうとする薩長がいなければ、そもそも話し合い自体が必要なかった。

江戸を守ったのは、勝を筆頭とした旧幕臣や、必死に手紙を書き続けた天璋院や和宮といった、大奥の女性たちである。新政府軍に、町や民衆を守るという発想はなかった。この事実を前提としなければ、維新期の実態はみえてこない。

幕末混乱期の申し子

新政府軍から、談判によって江戸を守った勝海舟。このとき四十六歳だった彼は、どのようにして、その類稀なる胆力を育んだのだろうか。

勝海舟は、諱を「義邦」、通称を「麟太郎」といい、小普請（無役）の旗本だった勝小吉（一八〇二〜五〇）の長男として、文政六年（一八二三）に江戸本所亀沢町（現・東京都墨田区亀沢）で生まれた。勝家の家禄は四十石余であり、決して高位の幕臣ではない。そして、父親の小吉がこれまた曲者だった。彼は吉原と喧嘩に明け暮れ、一家の主としては、まさに甲斐性なしを体現する人物だったのである。

　青年期の勝にとって、熱中できたものが二つあった。一つは、剣術である。彼は、「幕末の三剣士」の一人と称えられる島田虎之助（一八一四〜五二）の道場で修行に打ち込み、後に直心影流の免許皆伝となった。

　そして彼が熱中したもう一つのものは、書物だった。あるいは、学問だったといってもよい。しかし、勝の青年時代、彼の家は極貧に喘いでおり、屋根の板さえも薪として使っていたほどで、書物を購入する余裕はどこにもなかった。そこで彼が採った方法は、本屋で立ち読みするというものだった。暇があれば、彼は店頭で書物を読み耽ったのだという。

図15　勝海舟（『幕末・明治・大正 回顧八十年史（第二輯）』より）

　ところで、偉人に共通するのは、本人の能力と努力に加え、奇跡的な「出会い」があることである。

　立ち読みする彼の姿に感銘を受けた本屋の主を通して、勝は箱館商人の渋田利右衛門（一八一八〜五八）と知り合った。読書家どうしで意気投合した後、渋田は勝にあるものを渡す。それは、書物を買うための資金二百両だった。勝は生涯、渋田への感謝の気持ちを忘れることがなかったという。

なお、青年期の勝は、旧来の儒学や禅学を修めると同時に、蘭学も熱心に学んでいた。このことが、後に、大きなプラスとして作用する。

恵まれない環境にめげることなく、文武両道で励んでいた彼に、ある日、思いもよらないチャンスが巡ってくる。それは、嘉永六年（一八五三）のペリー艦隊来航である。この後、老中首座の阿部正弘（一八一九〜五七）によって、外交及び海防に関して広く意見が募られたが、ここで勝の提出した建言二通が大きく注目されたのである。なお、建言の要旨は、「江戸の海防に万全を期した上で、軍艦購入と乗員の操練に取り掛かるのが適切である」とするものだった。

黒船来航が出世の契機となったのは、例えば、河井継之助などと同じである。泰平の世ではありえなかった、能力主義の時代が到来したのだった。

この後の勝は、長崎海軍伝習所で艦長候補として多くを学んだ。伝習所の教官はオランダの軍人だったため、蘭学を学んだ経験が、彼を大いに助けたという。伝習所が閉校された後は、軍艦「咸臨丸」での渡米などを経て、次第に幕府海軍の中心人物となっていく。肩書きをみても、文久二年（一八六二）には軍艦奉行並、元治元年（一八六四）には軍艦奉行に昇進している。

そして、軍艦奉行に就任したこの年の九月十一日、勝は初めて西郷に会う。このときの彼は、老中の阿部正外（一八二八〜八七）の呼び出しを受けて、神戸海軍操練所から大坂に出てきていた。西郷は、幕府の長州に対する方針に強い不満を持っていたため、軍艦奉行の勝に意見を伺いに来たのである。当時の西郷は、「長州を徹底的に征討するべし」との意見の持ち主だった。

西郷はこの翌月に征長軍参謀となるが、勝の話を聞いて強硬な態度を緩和させていた。交渉や仲介の巧みさと、暴力の衝突を回避させることに関して、勝の右に出る者はいなかった。後年、勝は人を殺すのが大嫌いであり、当然「殺されるべき者」と判断される人間であっても、一人も殺さなかったことを告白している。

勝による西郷の評価

新政府軍は江戸に攻め込んできた側であり、江戸城無血開城を勝と西郷の功績とするのが、理屈からしておかしいことは、すでに述べた通りである。しかし、現在においては、江戸城が武力衝突を伴わず平穏に開かれたことに対して、西郷にも功があるようにいわれることが多々ある。

実はこのことを、単に歴史的事実の誤認と切り捨てるのは難しい。「無血開城が成ったのは、西郷の力によるもの」と喧伝した人物が多くいるからである。その一人は、誰あろう、勝である。

あの時の談判は、実に骨だったヨ。官軍に西郷が居なければ、談はとても纏まらなかっただらうヨ。その時分の形勢といへば、品川からは西郷などが来る、板橋からは伊地知（引用者注：伊地知正治）などが来る。また江戸の市中では、今にも官軍が乗込むといつて大騒ぎサ。しかし、おれはほかの官軍には頓着せず、たゞ西郷一人を眼においた。

――勝海舟著、江藤淳・松浦玲編『氷川清話』（講談社学術文庫）

後に、勝はこのように語っている。新政府軍に西郷がいたから、無血開城は可能となったというわけである。普通に考えれば、西郷は幕府側を焚き付け、戊辰戦争を起こした人物の一人なのだから、その論理は承諾しがたい。しかしながら、勝の心中においては、疑うことすらできない真実だったのだろう。

彼の西郷への評価はきわめて高く、それは戊辰戦争以前から一貫していた。そして、その評価は、「勝の幕府観」というべきものとも複雑に絡んでいる。ある意味、勝からすれば、西郷は「日本という国家」にとっての希望ですらあった。

老境に至った勝は、このようなことを語っている。彼は今までに「天下で恐ろしいものを二人」目にしたが、それは横井小楠（一八〇九～六九）と西郷である、と。横井小楠は、越前福井藩（現・福井県福井市）の藩政改革のために『国是三論』などを著した儒学者であり、その思想はすぐれて先進的だった。

横井は、西洋の事も別に沢山は知らず、おれが教へてやつたくらゐだが、その思想の高調子な事は、おれなどは、とても梯子を掛けても、及ばぬと思つた事がしば〳〵あつたヨ。おれはひそかに思つたのサ。横井は、自分に仕事をする人ではないけれど、もし横井の言を用ゐる人が世の中にあつたら、それこそ由々しき大事だと思つたのサ。

――同書

横井の思想は、従来の儒学（朱子学）を基礎としたものだが、国家や「公」を透徹した論理で語り尽くす点で、他の学者とは一線を画していた。蘭学を修め、実際にアメリカに渡った勝からしても、その説得力や有用性は認めざるを得なかったのである。安易に西洋を称揚しない、勝の冷静な知性が窺えるエピソードでもある。

そして、幕藩体制の問題点を認識していた勝は、横井の開明的な国家論が高い実践力と結びついたとき、大変な事態が起きることを直感していた。ここに現れるのが、西郷である。

その後、西郷と面会したら、その意見や議論は、むしろおれの方が優るほどだツたけれども、いはゆる天下の大事を負担するものは、果して西郷ではあるまいかと、またひそかに恐れたよ。

――同書

西郷に、勝に匹敵するような知力はない。もちろん、横井のような学問の素養もなかった。しかし、西郷には、人間としての器の大きさと、抜群の行動力があった。それは、同時代のいかなる人物も及ばないほどのものだったといえる。だから、勝は彼を恐れ、同時に敬愛していたのである。

当時の幕臣たちに、横井や西郷の真価は理解できなかった。勝は、次のようにも証言している。

おれは幕府の閣老に向つて、天下にこの二人があるから、その行末に注意なされと進言しておいたところが、その後、閣老はおれに、その方の眼鏡も大分間違つた、横井は何かの申分で蟄居を申付けられ、また西郷は、漸く御用人の職であつて、家老などといふ重き身分でないから、とても何事も出来まいといつた。けれどもおれはなほ、横井の思想を、西郷の手で行はれたら、もはやそれまでだと心配して居たに、果して西郷は出て来たワイ。

――同書

ここで「もはやそれまで」と語っているのは、徳川幕府のことである。つまり、勝には江戸時代の終わりがみえていた。それを避けたいと思ってはいたが、誰も耳を貸さなかった。そして、最後の最後になって、幕府は勝を頼ってきたのである。

このとき勝は、「日本はもはやこれまで」と思ったのだろうか。いや、実はそうではなかった。「横井の国家設計を西郷の行動力で実践すれば、幕府は倒れようとも、日本自体は大きく躍進できる」と考えてさえいたのである。

しかし、西郷と新政府軍を放置しておけば、江戸は焼き尽くされ、そこに住む多くの人々の命が失われるだろう。勝は、これだけは何としても避けなければならないと思っていた。輝かしい未来のためであれば、名もない庶民の命など、どうなってもよい――そう考えていたとしか思えない新政府軍や西郷と、勝との決定的な違いは、ここにこそある。

勝の目に映じた明治政府

戊辰戦争が終わり、しばらく経った後、勝は明治新政府に出仕する。自ら望んでのことではない。新政府には、海軍の知識を持つ人物が皆無だった。だから、勝に縋（すが）ってきたのである。明治五年（一八七二）、勝は海軍大輔（たいふ）に任命された。そして同年、従四位（じゅうしい）に叙されている。

これ以降も、勝は新政府の下で働くが、同時に旧幕臣のことも忘れなかった。ときには、困窮する旧幕臣たちに、私財を分け与えることさえあった。時代が変わっても、勝は交渉人であり続け、社会の潤滑油たろうとしたのである。

勝は、新政府の方針に賛同していたわけではない。特に、外交に関しては大いに意見を違えていた。明治二十七年（一八九四）、日本が清との戦いに向かっている中、勝は朝鮮出兵と日清戦争への反対を表明した。後に、勝はこのように語っている。

日清戦争はおれは大反対だつたよ。なぜかつて、兄弟喧嘩だもの犬も喰はないヂやないか。たとへ日本が勝つてもドーなる。支那はやはりスフィンクスとして外国の奴らが分らぬに限る。支那の実力が分つたら最後、欧米からドシドシ押し掛けて来る。ツマリ欧米人が分らないうちに、日本は支那と組んで商業なり工業なり鉄道なりやるに限るよ。

——同書

ただひたすら西洋化に邁進し、周囲のアジア諸国を軽視する新政府に、勝は警鐘を鳴らし続ける。確かに、戦に勝ちさえすれば「大国」になれるという、単純な欧米列強の帝国主義政治学に侵されていた当時の日本は、進路を誤り始めていた。日清戦争において、「罪なき者」が「日々百人も死ぬ」ことに憤慨していた勝は、戦後、このように語っている。

日本人もあまり戦争に勝つたなどと威張つて居ると、後で大変な目にあふヨ。剣や鉄砲の戦争には勝つても、経済上の戦争に負けると、国は仕方がなくなるヨ。そして、この経済上の戦争にかけては、日本人は、とても支那人には及ばないだらうと思ふと、おれはひそかに心配するヨ。

——同書

戦勝に浮かれているときも、勝は独り冷静さを失わない。彼は幕末以来、ずっと時代の少し先を見据えていた。国の未来は、軍事力ではなく経済力が握っている。だから、近隣諸国との戦争などにかまけている場合ではない。ここまで明確に未来を見通せていた人物は、他には誰も存在しなかったのではないだろうか。

権力を欲する政治屋ばかり

勝からみると、明治という時代を率いていた政治家たちは、知力も胆力も十分ではなかったようである。それも無理はない。幕末に生きていた傑出した人物の相当数は、全く無意味な戊辰戦争という「私闘」によって、落命したからである。加えて、彼が恐れた横井も、明治二年（一八六九）に攘夷派によって暗殺され、西郷も明治十年（一八七七）、西南戦争で自刃して果てた。残ったのは、権力を欲する政治屋ばかりだった。

全体、今の大臣などは、維新の風雲に養成せられたなどと、大きな事をいふけれども、実際剣光砲火の下を潜つて、死生の間に出入して、心胆を練り上げた人は少い。だから、一国の危機に処して惑はず、外交の難局に当つて恐れない、といふほどの大人物がないのだ。たゞ先輩の尻馬に乗つて、そして先輩も及ばないほどの富貴栄華を極めて、独りで天狗になるとは恐れ入った次第だ。先輩が命がけで成就した仕事を譲り受けて、やれ伯爵だとか、侯爵だとかいふような事では、仕方がない。

——同書

明治二十八年（一八九五）に新聞に掲載された、勝の言葉である。これを読んだ政府の要人は、一体何を思ったのだろうか。ただ、古老が「昔はよかった」的な話をしている程度にしか感じなかったのかも知れない。

第二節　新政府軍に堂々と対峙した山岡鉄舟——幕末の三舟②

鉄舟の圧倒的な気迫

この男は、只者ではない。

若かりし日の山岡鉄舟（一八三六〜八八、図16）の写真を目にすると、おそらく誰もがそう思うだろう。脚を大きく広げて座し、少し斜めにしたその顔は、俳優のように端整でありながら、獲物を見据える獣のように鋭くもある。彼は、北辰一刀流の創始者として知られる、千葉周作（一七九四～一八五六）に師事した剣客でもあった。身長百八十センチメートルを超えるこの体軀から、果たしてどれほどの斬撃が繰り出されたのだろうか。

江戸の町を火の海にすることを直接的に喰い止めたのは、前節で触れた通り勝・西郷会談だといわれる。しかし、彼らの会談には「前史」がある。

慶応四年（一八六八）三月九日、山岡鉄舟は西郷と向かい合っていた。場所は駿府（現・静岡県静岡市）、伝馬町の松崎屋源兵衛宅である。鉄舟は、自らの主君、徳川慶喜が恭順の意を示し謹慎していることを伝えた上で、勝の認めた手紙を西郷に渡したのだった。

この鉄舟・西郷会談があって初めて、数日後の勝・西郷会談は実現した。そして、これによって江戸の町は救われたのである。

図16　山岡鉄舟（『幕末・明治・大正 回顧八十年史（第二輯）』より）

しかし、新政府軍が駐留する町に、堂々と乗り込んでいった鉄舟は、やはり只者ではなかった。写真からでも気迫を放つこの男は、一体どのような人物だったのだろうか。

胆力の人、鉄舟の来歴

幕末・維新期を代表する傑物の一人、山岡鉄舟は、旗本の小野高福（一七七四～一八五二）とその妻である磯（生没年不詳）の下、江戸本所に生を受けた。天保七年（一八三六）六月十日のことである。諱は「高歩」、通称「鉄太郎」。若い頃から武芸に秀で、剣術は北辰一刀流の千葉周作に、槍術は刃心流の山岡静山（一八二九～五五）から教えを受けた。なお、後に彼は静山の妹である英子（一八四三～一九〇〇）と結婚し、婿養子として山岡家を継ぐこととなる。

文久二年（一八六二）、鉄舟が二十七歳となるこの年、幕府は清河八郎（一八三〇～六三）を中心とした「浪士組」の結成を認める。上京する第十四代将軍、徳川家茂を警護するためだった。この浪士組に、鉄舟も取締役として加わった。

浪士組は、上京後にその性質を少しずつ変えていく。清河の指示の下、尊王攘夷思想の過激派となったのである。これに警戒した幕府は、浪士組の江戸帰還を命じる。なお、清河の方針に反発し、離脱した者たちによって結成されるのが、かの「新選組」である。

清河の方針は、江戸に戻った後も変わらなかった。まずは、横浜外国人居留区の焼き打ちという、おぞましい計画を立てる。しかし、これは実現することがなかった。清河が、後に京都見廻組頭となる佐々木只三郎（一八三三〜六八）によって斬り殺されたからである。この後、鉄舟はしばらく謹慎を命じられた。浪士組取締役として、責任を取らせるためである。浪士組の残党は、「新徴組」となって、江戸市中の治安維持に当たることとなった。

鉄舟が表舞台に復帰するのは、慶応四年（一八六八）になってからのこと。精鋭隊頭に任じられ、将軍徳川慶喜の警護をすることになったのである。彼が歴史に残る仕事をするのは、このすぐ後のことだった。

鳥羽・伏見の戦いから敗走した慶喜が江戸城に帰還し、状況を理解した幕臣たちは、今後の方針について激論を交わす。新政府軍に徹底抗戦すべきとの意見も、決して少なくなかった。しかし、慶喜は一貫して恭順の姿勢にあり、旧幕臣に向けて、新政府軍への抗戦は自らに刃を向ける行為でもあると通達していた。

ここで一番の問題となったのは、新政府軍に「慶喜が恭順の意を示している」と伝えに行く者がいないことだった。当然である、慶喜の意を伝えるためには、敵の陣地に乗り込んで行かなくてはならない。命の保証が一切ないのは当然のことで、慶喜の意思を伝える前に、犬死にすることだって大いにありうる。

この困難な仕事の適任者として、名前を挙げられたのが鉄舟だった。彼は、慶喜の意思を直々に確認した後、自らがメッセンジャーになることを決意する。そして、陸軍総裁の勝海舟に、自分の決意を伝えた。敵地に赴くことに対し、鉄舟は恐怖や不安を微塵も感じていないようだったという。

元浪士組ということもあり、勝は多少、鉄舟という人物を怪しんでいたようだが、彼の気持ちが固いことを知ると、この仕事を任せることにした。そして、一人の同行者を用意する。それは、薩摩藩士の益満休之助だった。

益満休之助――彼こそは、第一章で触れた通り、相楽総三などと共に、西郷らの密命を受けて、江戸の町で治安攪乱工作を行った人物である。捕縛された後、当然のように死罪を申し付けられたが、勝が身柄を引き受けることで生き長らえていた。薩摩藩士の益満がいれば、安易な攻撃を抑止できるだろうという、勝の策略である。

まさか益満本人も、自分がこのように「利用」されるとは想像していなかったことだろう。これぞ、徹底して敵を殺さない、「交渉の達人」勝の真骨頂である。かくして鉄舟は、益満と共に新政府軍の駐留する駿府に向かうこととなった。

しかし、鉄舟はおそらく単独であっても、何一つ恐れず出かけたことだろう。実際に、新政府軍の宿営地まで来たとき、隊長であった篠原国幹（くにもと）（一八三七〜七七）に向けて、「朝敵徳川慶喜家来、山岡鉄太郎、大総督府へと通る」と大音声を発したところ、篠原以下百名ほどの兵は、ただただ気圧（けお）され、僅かな妨害すらなかったという。

武士道の鉄舟と豪放な西郷

無事、駿府で西郷との面会が叶った鉄舟。彼は西郷に、この後も「朝敵」征討のために進撃を続けるのか、と問い掛けた。これに対し、西郷は次のように答えている。

自分は、人を殺したり、国家を攪乱したりすることが目的で戦争をしようとしているのではない。ただ「不軌を謀るもの」を鎮定したいだけである、と。

「不軌」とは反逆の意であり、つまり慶喜が朝廷に歯向かったために、自分たちは進軍してきたのだと主張しているのである。繰り返すが、鳥羽・伏見の戦いは、朝廷と旧幕府軍の戦いではない。旧幕府軍は、先制攻撃を仕掛けてきた薩長軍と衝突しただけであり、天皇の権威は利用されたに過ぎなかった。ここで、少し前まで将軍だった慶喜を「不軌を謀るもの」と言い放てる西郷の精神は、なかなか興味深い。

これに対し、鉄舟は武士道を体現するような人物だった。浪士組取締役として謹慎を申し渡された後も、その有り余る時間は、剣の鍛錬に加え、禅学の追究に費やされていた。彼の「剣禅一致」の思想は、このようにして育まれ、これが旧来の武士道の中に融合されていったのである。

西郷の答えに対し、鉄舟はこういった。慶喜はすでに上野の寛永寺で謹慎し、恭順の意を示している。それでもなお、江戸に攻め入るというのは一体どういう了見なのか、と。これに西郷は、各地で新政府軍に抗戦する勢力があり、それが事実である以上、慶喜征討も中止できない、と返している。

しかし、鉄舟は一切退かずに、こう返す。慶喜は、間違いなく恭順の意を示しているのであり、抗戦している者たちは、すなわち慶喜に反逆している者である。ゆえに、彼らの存在と行動は、慶喜を討つ理由にはならない、と。

更に畳み掛けるように、鉄舟はこうも語った。ここまで礼を尽くして、それでも西郷が礼で答えないのであれば、戦火を交える他ない。しかし、そうなれば大乱となり、日本という国家全体が大変な事態に陥るだろう。本来、「天子は民の父母」であり、非理を追求するのが正しい姿のはず。それにも拘わらず、恭順している臣を討つなど沙汰の外である、と。

西郷は、ここまでの鉄舟の話を聞いて、遂に反論を諦める。そして、東征大総督の有栖川宮熾仁親王のところに向かい、鉄舟の言葉を伝えた上で、その返事を聞いて戻ってきた。このとき、有栖川宮から下された「徳川家に寛大な処置を与えるための五条件」は、次のようなものだった。

①江戸城を明け渡すこと。
②江戸城中の人間を向島（むこうじま）（現・東京都墨田区西部）に移動させること。
③兵器を全て渡すこと。
④軍艦を渡すこと。
⑤徳川慶喜を備前岡山藩（現・岡山県岡山市北区）に幽閉すること。

この五つの条件を聞いた鉄舟は、最後のものだけを頑として受け入れなかった。当然である、自らの主君、しかも全く反抗の意すらみせていない者に、このような処遇を受けさせるわけにはいかないからである。もし、五番目の条件を自分が飲んだとすれば、相当数の旧幕臣が抗戦に立ち上がり、やはり日本全体を巻き込む大きな戦争となるだろう。

鉄舟は、西郷にこのことを力説し、五番目の条件の撤回を求めた。しかし、西郷は「朝命」であると主張して、なかなか取り下げることがない。そこで、鉄舟は力を込めて、こう質問した。もし、自分の主君である島津公が誤って「朝敵」の汚名を受けて、しかも恭順の意を示しているときに、同じような条件が出されれば、あなたは主君を差し出すというのか、と。

西郷は、理知的といえるタイプではない。しかし、情を解し、融通の利く人物だった。かくして、西郷は五番目の条件を撤回することを決断する。しかし、西郷がこのような決定権を持ちながら、自らの軍の政策を「朝命」と表現したのは、どのような理屈からだったのだろうか。

この後、鉄舟と同行の益満は、無事帰路につく。それは、西郷が新政府軍の通行許可証を二人に発行したお陰だった。そして、この鉄舟・西郷会談によって、勝・西郷会談も実現し、江戸城の無血開城が成されるのである。

それからの鉄舟

戊辰戦争が終結した後、鉄舟は、慶喜に代わって徳川宗家当主となった徳川家達（一八六三〜一九四〇）に従って駿府に向かう。肩書きは、静岡藩の若年寄格幹事役。翌明治二年（一八六九）には、静岡藩藩政輔翼に任じられている。

しかしその二年後、廃藩置県により静岡藩自体が消滅してしまう。やむなく鉄舟は新政府に出仕し、静岡県権大参事、九州の伊万里県（現・佐賀県と長崎県対馬市）権令などを務めた。

明治五年（一八七二）、鉄舟は二十一歳だった明治天皇の侍従となる。これは、勝や、後に東京府知事も務める大久保一翁（一八一八〜八八）の強い頼みがあってのことである。彼は十年という期限付きで、この仕事を受けた。しかし、決していい加減な気持ちで務めたわけではない。侍従として、鉄舟は誠心誠意、明治天皇に尽くした。結果、明治天皇の鉄舟への信頼は、尋常ならざるものだったと伝えられる。

鉄舟は、社会的な地位には微塵も価値を見出していなかった。権力争いに明け暮れていた明治政府の要人と異なり、彼の眼の前には、常に精神世界があった。そして、その至誠の人柄は、周囲の人々から慕われ続けていた。

明治二十年（一八八七）、五十二歳になったこの年、鉄舟は華族に列せられ、子爵位を授けられた。その頃、彼はこんな自作の歌を口ずさんでいたと、勝が語っている。

食うて寝て働きもせぬ　ご褒美に
蚊族となりて　またも血を吸う

「蚊族」は、もちろん「華族」に掛かっている言葉である。いかに、鉄舟が世俗の価値観から超越したところにいたか、よくわかるエピソードだろう。

精神における峻厳な美学

屈強な肉体を誇った鉄舟だが、やはり老いと病に打ち勝つことはできなかった。子爵となった翌年の明治二十一年（一八八八）、彼は大きく体調を崩す。食が細くなり、二月頃からは流動食のみとなった。胃がんに侵されていたのである。自分の命がもう長くないことを悟った彼は、明治天皇にお別れを伝えるなど、死出の旅立ちの準備を粛々と行う。

図17　晩年の山岡鉄舟（『幕末三舟伝』より）

七月十九日、鉄舟がこの世

で過ごした最終日、勝は彼の家に見舞いに行った。そのときの様子を、勝はこのように語っている。

> 正午前、おれが山岡の玄関まで行くと、息子、今の直記が見えたから、「おやじはどうか」というと、直記が「いま死ぬるというております」と答えるから、おれがすぐ入ると、多勢人も集まっている。その真中に鉄舟が例の坐禅をなして、真白の着物に袈裟を掛けて、神色自若と坐している。おれは座敷に立ちながら、「どうです。先生、ご臨終ですか」と問うや、鉄舟少しく目を開きにっこりとして、「さてさて、先生よくお出でくださった。ただいまが涅槃の境に進むところでござる」と、なんの苦もなく答えた。
>
> ――山岡鉄舟口述、勝海舟評論、勝部真長編『新版　武士道』（大東出版社）

この僅か後、鉄舟は息を引き取る。いかに強力な病魔であっても、彼の精神には、微塵の傷さえもつけることができなかったのである。

晩年の鉄舟の写真をみると、若い頃と同じく迫力に満ちているものの、周囲に柔和な空気を纏っているようにも感じられる（図17）。彼のこの姿こそ、豊かな江戸文化が育んだ「剣禅一致」の武士道の完成形だった。江戸にはあったが、明治では失われたもの。その第一は、鉄舟にみられるような、精神における峻厳な美学なのかも知れない。

第三節　陰の立役者、高橋泥舟――幕末の三舟③

「三舟」最後の一人

「幕末の三舟」というフレーズを聞いて、即座に三つの名前が頭に浮かぶ人は、決して多くないだろう。勝海舟と山岡鉄舟は思い出せても、最後の一人が出てこないのではないか。しかし、実はその人物がいなければ、勝や鉄舟の歴史的な活躍はなかった。三舟の最後の一人は、一般的な知名度は高くなくとも、働きの大きさでいえば、彼らと同等と捉えるべき偉人なのである。

図18　高橋泥舟（『幕末三舟伝』より）

その人物の名は、高橋泥舟（でいしゅう）（一八三五～一九〇三、図18）。「幕末の三舟」という呼称自体は明治の後期から流通していたようだが、それを決定的なものとしたのは、明治から昭和前期にかけて活動し、アジア主義の巨頭として知られた、かの頭山満（とうやまみつる）（一八五五～一九四四）による著書『幕末三舟伝』

（一九三〇）といわれる。頭山はそこで、江戸の町と百万の民を救ったのは、三舟であることを力説したのである。

また頭山は、三舟についてこうも述べている。「海舟は智の人、鉄舟は情の人、泥舟にいたっては、それ意の人か」。「意の人」、それはすなわち「意志の人」である。

高橋泥舟の意志——非常時にあっても微塵も揺るがない彼の精神は、鉄舟と同じく、伝統的な武士道によって形作られたものだった。

天下無双の槍術家

高橋泥舟がどのように幕末の政局に関わってくるかをみる前に、彼の来歴を概観しておきたい。

天保六年（一八三五）、旗本の山岡正業（まさなり）（生没年不詳）の次男として、泥舟は江戸で生を受けた。諱は「政晃（まさひろ）」、通称は「精一（せいいち）」。「泥舟」は、後年、自らが選んだ号である。六つ年上の兄がおり、後に妹二人と弟一人が生まれている。次男として生まれた泥舟は、すぐに母方の高橋家に養子として入る話がまとまるが、成長するまでは生家で教育を受けることとなった。

少年期、泥舟に最も大きな影響を与えたのは、間違いなく実兄である。彼は、名を山岡静山（諱は「正視（まさみ）」）という。槍術を生活の中心に据えていた静山は、自身に容赦のない修行を課し続けた。その結果、二十二歳になった頃には、静山の名は槍術の達人として広く世間に知れわたっていた。同じく、槍術の達人とされていた南里紀介（生没年不詳）と、四時間にわたって戦い、結果引き分けた試合は、日本の槍術史における伝説として今も語り継がれている。

この静山から教えを受けた泥舟は、ストイックな生活態度を崩すことなく、肉体、精神両面の力を涵養していった。雨の日も風の日も、体調が優れない日も、彼は道場で槍を突き続けたと伝えられる。

泥舟の転機は、突然訪れた。安政二年（一八五五）、養父の高橋鏈之助（生年不詳〜一八五五）、そして静山が立て続けに亡くなったのである。特に静山はまだ二十代であり、その死の理由は明らかではないものの、泥舟の哀しみはただならぬものだったことだろう。しかし、このとき弱冠二十一歳だった泥舟は、気丈にも兄の門弟たちを引き受けることを決意する。そしてまた、彼はこの年、幕府から勘定方に任命されることとなった。

ここから、泥舟の激動の日々が始まる。翌年（一八五六）、築地に講武所が設立されると、彼は勘定方の身分のまま、この講武所の槍術教授方出役に任じられた。講武所は、欧米列強が続々と日本との国交を結ぶ中で、有事に備え、武士を鍛錬するための施設だった。泥舟は、槍術の腕が認められて、そこで教官を務めることとなったのである。

泥舟はこの後、正式に武官となり、実力に見合った出世をしていく。その間に、泥舟の妹の英子が、ある人物と結婚した。小野鉄太郎、後の山岡鉄舟である。鉄舟は婿養子となって、泥舟の生家である山岡家の跡取りとなった。泥舟と鉄舟の深い縁は、公私にわたって続いていくこととなる。

その後、泥舟は将軍警護の目的で結成された浪士組取締役となり、慶喜と共に上京した。義弟の鉄舟も同じく取締役として上京するが、これは既に触れた通りである。

ただし、泥舟自身は、この浪士組の取締役就任を何度か拒絶したのだという。それは、浪士組を結成した清河八郎のような、過激な尊王攘夷派を抑えるのは、現実的に不可能だと考えていたからだった。渋々受けた仕事だったが、予想通り、清河は暴走する。清河が暗殺された後は、泥舟も鉄舟も、その責任を問われて謹慎の処分を受けることとなった。

謹慎は約三年に及んだが、この自由な時間を、泥舟は修行と教育に費やした。そして、慶応二年（一八六六）。幕府は再び、彼の能力を求めた。将軍の親衛隊として創設された遊撃隊に、泥舟は迎えられるのである。この後、講武所は廃止されて陸軍所となり、遊撃隊もそこに編入された。

それから間もなくして、大政奉還によって徳川家の時代は終わりを告げた。この後、王政復古の大号令、そして鳥羽・伏見の敗戦によって、慶喜は窮地に立たされる。これぞ、歴史的な非常事態である。ここで出番となるのが、既に遊撃隊頭（実行部隊指揮官に相当）となっていた、泥舟だった。

胆力を備えたメッセンジャーを推挙

鳥羽・伏見の戦いと、旧幕府軍の敗退の報を、泥舟は江戸の地で聞いた。その後、慶喜が江戸に戻ると、急いで江戸城に向かったが、彼はどうしても慶喜に会うことができなかった。

果たして、泥舟は慶喜に何を伝えたかったのだろうか。遊撃隊頭として、徹底抗戦を説こうとしていたのだろうか。実際はその真逆であり、泥舟は慶喜に徹底した恭順を勧めようとしていたのである。泥舟の思想は、一言で表現すれば「尊王」である。だから、錦の御旗を立てた新政府軍と戦うことなど、一切考えていなかった。

ようやく慶喜との面会が叶ったとき、泥舟は彼の口から驚くべき言葉を聞いた。慶喜は、帰城から十日ほども経過したのに、なぜ泥舟が登城してこないのか不思議に思っていた、と語ったのである。つまり、泥舟が慶喜に会えなかったのは、慶喜本人の意向ではなかった。そもそも、泥舟が城に来たことすら、慶喜に伝わっていなかったのである。泥舟が慶喜と会うことを妨げていたのは、おそらく彼の側近たちだろう。尊王派の泥舟が恭順を説くことで、慶喜の中に残っていたかも知れない僅かな抗戦の意志が潰えてしまうことを、彼らは恐れていたのである。

慶喜は泥舟を深く信頼し、頼りにしていた。幼い頃から頭脳の明晰さで右に出る者がいないほどだったといわれる、あの慶喜が泥舟を頼っていたのは、知識の豊富さや、武術の腕からではなく、ただその至誠の人柄からだった。泥舟の心は、一点の曇りすらない誠実さで満たされていたのである。

慶喜に面会した泥舟は、当然のように強く恭順を勧めた。それを聴いた慶喜は、すでに決めていた「不戦と恭順」の姿勢を、なお一層、確固たるものとする。その後、泥舟は寛永寺での謹慎を慶喜に提案し、それはそのまま受け入れられることとなった。

謹慎が決まった後、泥舟は遊撃隊と精鋭隊の二隊を率いて、慶喜を完全に護衛する。江戸城西丸から寛永寺まで、この二隊にガードされていれば、手を出せる者はどこにもいない。かくして、慶喜は無事に寛永寺に到着する。そして、そこで東征してきた新政府軍の動向を見守ることとなった。

しかし、状況は悪化する一方だった。天璋院、和宮らによる様々な画策にも拘わらず、有栖川宮を総督とした東征軍は、一向に勢いを緩めることがなく、このままでは江戸に攻め込んでくるのは間違いなかった。「朝敵」である慶喜の命を奪い、徳川家を完膚なきまでに叩き潰すことが、薩長の至上命題だったからである。

もし、軍事力以外で彼らを止めるとするならば、「慶喜が恭順の意を示していること」を伝え、恭順の意を示している慶喜を討つことに「何の正当性もないこと」を主張する以外、方法はなかった。そのためには、屈強な肉体はもちろんのこと、新政府軍の駐留地に臆することなく突入できる、胆力を備えたメッセンジャーを選び出す必要がある。

これに適任なのは、疑いなく泥舟だった。慶喜も、そう即断したという。しかし、泥舟には慶喜自身を護衛する任務がある。「泥舟が二人いれば」と呟き悩む慶喜に、泥舟はこう語ったという。旗本の中で慶喜の命を全うできる者は、自らの弟である山岡鉄舟以外にいない、と。

かくして、鉄舟は慶喜の命を受け、勝の案により益満休之助を引き連れて駿府に向かったのである。

忠臣は二君に仕えず

泥舟は、真の意味で武士道の人である。だから、「明治」という新時代が始まったときも、彼の前に、人生の新しい選択肢は出現しなかった。

慶喜が駿府に向かったとき、泥舟は当然のごとく随伴していた。慶応四年（一八六八）八月、徳川宗家は徳川家達を藩主として、駿河、遠江、三河に静岡藩七十万石の立藩を認められる。ここにおいて泥舟は、田中城（静岡県藤枝市田中）を預かる田中奉行に任命され、役人としての業務に励みつつ、旧幕臣の世話も行った。泥舟の主は、徳川家だけだったからである。

廃藩置県によって静岡藩が消滅すると、泥舟は東京に戻る。勝も鉄舟も、明治新政府の要請を受け、出仕した。しかし、泥舟は生涯、新政府の下で働くことはなかった。彼の峻厳なる精神は、決して二君に仕えることを受け入れなかったのである。その徹底した姿は、慶喜に恭順を勧めた責任を、生涯をかけて果たそうとするもののようにもみえた。

泥舟が、自身にその雅号を選んだのも、明治に入ってからのことのようである。それまでの彼は、「忍斎」と名乗っていた。こちらも、人柄と生き様が込められた、彼らしい名である。

泥舟の由来とそこに込められた意味は、彼自身の次の歌に明らかである（図19）。

狸にはあらぬ我身も　つちの舟こぎいださぬが　かちかちの山

今も、広く親しまれている昔話「かちかち山」。その昔話の中で、狸が乗って沈んでしまった、あの泥の舟から採られたのである。必ず沈んでしまう役に立たない舟。だから、「漕ぎ出さぬが勝ち」だと、泥舟はいうのである。「漕ぎ出さぬ」のは、一体どこに、だろうか。もちろん、「明治の世の政治の表舞台に」である。

隠棲した泥舟は、この後、主に書画の世界で自らを深めていく。残された多くの作品には、豪放にして繊細、そしてどこか優しさの漂う文字が躍っている。その技量は、傑出していると評する他ない。槍術のみならず、書画においても一切手を抜かず、修行に励んだことが窺える。

清貧を体現した生活を続けていたという明治の泥舟だったが、一度だけ、華やかな場に姿を現したことがある。明治三十五年（一九〇二）十二月七日、慶喜の「叙爵」祝賀会」である。彼はこのとき、慶喜に祝賀の歌まで贈っている。公爵に叙任された、かつての主君を前にして、心から喜ぶ泥舟の姿が目に浮かぶようである。

この翌年（一九〇三）の二月十三日、まるでやり残したことがもうないかのように、泥舟は静かにこの世を去る。享年六十九。彼の生涯は、まさに武士の美学を体現したものだった。もし、この古武士然とした偉人がいなければ、やはり、江戸の町は火の海となっていたことだろう。我々はこのことを記憶しておかなくてはならない。

図19　号「泥舟」の由来を示す歌（『幕末三舟伝』より）

第四節　私欲を極限まで抑え込んだ榎本武揚

「瘠我慢の説」で批判された榎本

明治に入って、啓蒙思想家としてその名を馳せる福沢諭吉（一八三五～一九〇一）。彼は、著名な論説「瘠我慢（やせがまん）の説」において、武士道を「日本国民に固有する瘦我慢の大主義」と考え、その本質を次のように説いている。

自国の衰頽（すいたい）に際し、敵に対して固（もと）より勝算なき場合にても、千辛万苦、力のあらん限りを尽し、いよいよ勝敗の極に至りて始めて和を講ずるか、もしくは死を決するは立国の公道にして、国民が国に報ずるの義務と称すべきものなり。

——福沢諭吉『明治十年丁丑公論・瘠我慢の説』(講談社学術文庫)

他国との争いが起きた場合、相手が自国より強大であるとわかっていても、全力を尽くし、決して自国の形勢が不利であると思わせず「瘠我慢」する。そして、遂に敗北が決定的となったならば、講和の道を探るか、潔く死を選ぶのがよい。これが、三河武士の道である。いや、それどころか、そもそも国というものは、このような気概がなければ支えられないものなのである。福沢は、そう述べる。

この小論が書き上げられたのは、明治二十四年(一八九一)十一月二十七日のことである。彼は当初、この「瘠我慢の説」を、公表することを考えていなかった。二人の人物にこれを示し、彼らが思うところを聞きたかっただけだからである。

その二人の人物とは、誰あろう勝海舟と榎本武揚(一八三六〜一九〇八)である。勝は江戸城を無血開城に導き、戦わずして講和の道を探った。榎本は、戊辰戦争の最後まで戦い、箱館の地で降伏した。そして、明治の世になってからは、共に新政府の要請に応じ、出仕している。福沢は、後半の「新政府への出仕」について噛みついたのである。

特に榎本は、明治十八年(一八八五)には第一次伊藤内閣において逓信大臣となり、明治二十年（一八八七）には子爵に叙任されるなど、「瘠我慢の説」が書かれた頃、政治の表舞台で華々しく活躍していた。箱館戦争で旧幕府軍として戦った榎本と、明治の榎本は、外野からは同一人物とは思えないほどに違っていたのである。彼は、「転向」したということなのだろうか。

福沢の手紙と「瘠我慢の説」を受け取った榎本は、こう返信している。

昨今別而（べっして）多忙に付（つき）いずれ其中（そのうち）愚見可申述候（もうしのぶべくそうろう）。

つまり、「今は忙しいので、また今度、感想を添えて返事を書かせていただきます」という内容である。実に味気なく、形式的な答書である。予想通り、彼の「正式な返信」は、決して送られることがなかった。

幕府海軍の榎本

榎本武揚は、今も評価が二分される人物である。多くの旧幕臣が、歴史ファンの高い人気を得ているにも拘わらず、彼はどうにも影が薄い。それは、まるで「二つの人生」を歩んだようにみえる彼が、一つ目のそれ、すなわち戊辰戦争終結までのことに関して、ほとんど口を噤（つぐ）んでいたからのように思われる。

果たして、榎本は何を考え、どのような信念の下に「二つの人生」を生きたのか。まずは彼の前半生を眺め、その後、戊辰戦争と明治の彼について考えてみたい。

榎本は、天保七年（一八三六）、江戸下谷御徒町（現・東京都台東区）の柳川横町にあった、与力組や同心組など下級武士が居住する組屋敷で生を受けた。通称「釜二郎」。父親は、日本で初めて全国を測量し、国土の正確な姿を明らかにした伊能忠敬（一七四五～一八一八）に師事した榎本武規（一七九〇～一八六〇）で、武揚は次男だった。なお、父の武規は、備後（現・広島県東部）の生まれであり、元々は箱田姓だったが、榎本家に婿養子として入ったという経緯がある。

幼い頃から学芸に秀でていた榎本をみて、父親は彼を儒学者にしようと思ったらしい。そのため榎本は、弘化四年（一八四七）に十二歳で神田湯島の昌平坂学問所に入った。彼はここで勉学に打ち込むが、成績が振るわず、結果として儒学者としての仕官の道は厳しいものとなる。学問所を出た後、安政元年（一八五四）には箱館奉行を務める堀利熙（一八一八～六〇）の小姓となって、樺太探検に出ている。

二年後、榎本にとってその後の人生を決する出来事が起きる。長崎海軍伝習所の、第二期生に彼が選ばれたのである。榎本はそこで、勝とも出会っている。オランダ人教官も感心するほどの謙虚さと熱心さで、洋式軍艦の操縦法を学び、航海術を身につけていった。そして、伝習所での勉強を終えた安政五年（一八五八）、榎本は築地の軍艦操練所教授方出役となった。

榎本が初めて海外に渡るのが、文久二年（一八六二）のことである。オランダに留学し、彼の地で軍事に関する最新の知識を得たのみならず、化学や国際法なども学んだ。意外にも、彼は化学に高い関心を示し、その優秀な成績によって賞を受けるほどだった。

慶応二年（一八六六）には、幕府の注文した軍艦「開陽丸」に乗って帰国し、その後、軍艦頭並（ぐんかんがしらなみ）、続いて軍艦頭に就任した。

翌年の暮れ、江戸で薩邸浪士隊によるテロと、その鎮圧のために藩邸焼き討ちが起きたとき、榎本は艦隊を率いて大坂湾に移動していた。彼は、鳥羽・伏見の戦いより前に、薩摩藩の軍艦への攻撃を行っている。榎本の中で、「幕府と薩摩藩との戦い」は、薩摩藩の江戸での狼藉（ろうぜき）によって開始されていたようである。この頃に、彼は海軍副総裁に就任した。

鳥羽・伏見の戦いの後、慶喜に抗戦を勧めるべく大坂城に向かうと、そこにはすでに慶喜の姿はなく、それどころか、彼は榎本の乗ってきた開陽丸で江戸に逃走していた。榎本は失意の中、大坂城に残されていた武器と財産を掻き集め、慶喜を追って航路で江戸に向かっている。

ようやく江戸城で慶喜との謁見が叶った彼は、当然ながら強く抗戦を説いた。ただし、無茶な戦いをして玉砕しようと考えていたのではない。旧幕府軍の海軍力を以ってすれば、新政府軍に十分勝利できると確信していたからである。しかし、恭順の意が固まっていた慶喜や、勝らの反対によって、彼の提案が受け入れられることはなかった。

榎本の失意、そしてその後に生まれた怒りは、この上ないものだったようである。

檄文と箱館戦争

彼は勝の制止も聞かず、慶応四年（一八六八）八月十九日、軍艦八隻を率いて江戸を脱出する。その際に発せられた「檄文」には、このような言葉があった。

> 王政日新は皇国の幸福、我輩も亦希望する所なり。然るに当今の政体、其名は公明正大なりと雖も、其実は然らず。王兵の東下するや、我が老寡君を誣ふるに朝敵の汚名を以てす。其処置既に甚しきに、遂に其城地を没収し、其倉庫を領収し、祖先の墳墓を棄て、祭らしめず、旧臣の采邑は頓に官有と為し、遂に我藩主をして居宅をさへ保つ事能はざらしむ。又甚しからずや。これ一に強藩の私意に出で、真正の王政に非ず。
>
> ——加茂儀一編集・解説『資料　榎本武揚』（新人物往来社）

抗戦し続けた旧幕府軍が一体何を考えていたのか、それが見事に示されている。日本の政治体制が天皇の名の下に一新され、それが人々の幸福を実現するものなのであれば、自分は決して反対はしない。しかし、新政府の内実はそれとは全く違うものにみえる。榎本はそう記した後、怒りを込めて次のように主張する。新政府は「強藩の私意」に基づいており、「真正の王政」ではない、と。

儒学によって育まれた教養と、オランダ留学で獲得した知識から導き出された結論が、これだった。新政府の正体は、私欲を剥き出しにした「薩摩藩」ではないか。それが正確でなければ、私欲を剥き出しにした「薩長」と換言してもよい。決して、日本という国を改善するために立ち上がった連中ではないということを、榎本はその慧眼で見通していた。

箱館の五稜郭を拠点とし、フランスの軍人も擁した榎本軍は、長きにわたって戦い続けた。明治二年（一八六九）五月十一日、幹部の土方歳三が箱館一本木関門（現・函館市若松町）で戦死し、追い詰められたとき、榎本は自刃を決意したという。しかし、側近によってそれを制止された彼は、五月十八日、遂に降伏した。戊辰戦争の終結である。

その後、榎本は東京に護送され、兵部省糺問所付属の仮監獄、辰ノ口牢獄（現・東京都千代田区丸の内）に入れられた。普通に考えれば、新政府軍に最後まで抵抗した榎本は、死罪になって当然だろう。しかし、驚くべきことに、彼はそうならなかった。

榎本の助命に奔走したのは、箱館征討参謀だった黒田清隆（一八四〇～一九〇〇）や、福沢諭吉である。実際に行動に出たのは黒田だが、後ろで彼を動かしていたのは福沢だといってもよい。

あるとき、黒田は福沢に、五稜郭が落ちる寸前に榎本から託された『万国海律全書』の翻訳を依頼した。しかし、しばらくすると、四～五ページ和訳されただけで、黒田の元に戻ってくる。黒田が福沢にその理由を問うと、彼はこう答えたという。

この書は海軍にとって非常に重要な内容が書かれたものだが、これを正しく訳せるのは、著者の講義を直接聴いた榎本以外にいない。彼に翻訳を頼めないことは、我が国にとっての大きな損失である、と。

福沢は、榎本と直接の交流があったわけではない。しかし、彼は榎本をどうしても刑死させたくなかったのだろう。その理由は、「瘠我慢の説」に明らかである。

> 榎本氏の挙は所謂（いわゆる）武士の意気地（いくじ）すなわち瘠我慢にして、その方寸（ほうすん）の中には竊（ひそか）に必敗を期しながらも、武士道の為めに敢て一戦を試みたることなれば、幕臣また諸藩士中の佐幕党は氏を総督としてこれに随従し、すべてその命令に従（したがっ）て進退を共にし、北海の水戦、箱館の籠城、その決死苦戦の忠勇は天晴（あっぱれ）の振舞（ふるまい）にして、日本魂（やまとだましい）の風（ふう）教上より論じて、これを勝氏の始末に比すれば年を同（おな）じうして語るべからず。
>
> ——前掲『明治十年丁丑公論・瘠我慢の説』

福沢は一貫して、戊辰戦争時の榎本の行動を評価している。それは見事に武士道に適っており、「私」を抑えて「公」を取る行為だったからである。

結果として、榎本は二年半の禁錮の後に赦免されて、新政府のために働くこととなった。いや、「新政府のため」だったかは、後に再考した方がよいだろう。

榎本の活躍と民衆の目

赦しを得た榎本にとって、初めての仕事は、黒田清隆の携わっていた北海道開拓事業だった。その後、彼は水を得た魚のように、様々な要職に就いていく（図20）。

明治七年（一八七四）には、海軍中将となったことに加えて、樺太問題処理のための特命全権公使ともなった。榎本は翌年、ロシアとの「樺太・千島交換条約」（サンクトペテルブルク条約）に調印している。この仕事の傍ら、彼はシベリアの地理や物産の調査も行った。明治十二年（一八七九）には、外務大輔、海軍卿に就任。そして、明治十五年（一八八二）には、駐清特命全権公使となっている。

その後も、逓信、文部、そして農商務の各大臣を務めた。まさに、八面六臂の活躍である。しかし、その見事な仕事振りにも拘わらず、榎本は極端に自己主張を行わなかった。与えられた仕事を、粛々とこなすばかりだったという。だから、自らの与り知らない政権中枢の都合によって、肩書きは次々と変わっていったのである。

図20　榎本武揚（明治期の鶏卵紙写真より）

すでに触れたように、福沢はこのような榎本の活躍を、複雑な思いで眺めていた。ちなみに福沢は、中津藩（現・大分県中津市）で藩士の家に生まれ、維新後は一度も新政府に仕えていない。彼にとって、自主独立の精神を喪失することは、思想的な死を意味していたからである。

それでは、一般の人々は、このような榎本の活躍をどうみていたのだろうか。明治二十七年（一八九四）一月二十八日付の『読売新聞』には、「榎本大臣の一毀一誉」と題した、興味深い記事が掲載されている。その一部を、次に引用してみたい。

釜二郎（引用者注：榎本のこと）たるもの感奮措く所を知らず、如今皇命とあれば国家の為とあれば、真に一身の私を顧みず、必ず犬馬の労を尽くして前生の大罪を償うべしと。すなわち遂に一身の進退を念とせず、命あれば即ち出で命あれば即ち退き、進退去就一に台命を奉じて胸中ほとんど一物損せず。

この記事の視点は、福沢とは大きく異なる。榎本が「朝敵」であったことが疑うべくもない事実であるとした上で、それにも拘わらず助命された彼は、恩に報いて大仕事に取り組んでいると描いているからである。続きもみてみよう。

其の伴食宰相たると否との如きは固より関する所にあらざるべしと、一毀一誉是男児の免れがたき所、釜二郎氏請う。粉骨砕身唯だ国家に奉ずる所あれ。

「伴食宰相」とは、要職にありながら、実力の伴わない者を嘲笑する言葉である。

この記事を書いた人物は、あるいはそれほど深く考えて言葉を選んだのではないのかも知れないが、最後の「粉骨砕身唯だ国家に奉ずる所あれ」との箇所は、明治新政府に出仕した後の、榎本の本質に迫っているように思われる。

そう、榎本は「転向」したのではない。徳川家から新政府に、鞍替えをしたわけではないのである。自己を押し殺して「粉骨砕身」働いた榎本の目には、一貫して日本という国家が映っていた。自分の命を救ってくれたという恩を感じて、新政府や、明治天皇に尽くしたのではなかった。彼は、ただ国のために、「公明正大」たろうとした。つまり、「新政府のため」ではなく、「皇国の幸福のため」に働いたのである。

福沢の批判が誤っていた、ということではない。彼と榎本にとって、「公」と「私」の定義が異なっていただけである。明治に入ってからも、榎本の生き様は私欲から最も遠いところにあった。薩長出身者ばかりが就いていた新政府の要職に、榎本が入り込めたのは、その優秀さのみならず、私欲を極限まで抑え込んだ彼の姿が、警戒心を抱かれないものだったからだろう。

第五節 「非戦」で一貫していた徳川慶喜

最後の将軍の「英断」

「歴史にifはない」といわれるが、それでも想像してしまうことがある。もし、最後の将軍が徳川慶喜（一八三七〜一九一三、図21）ではなかったとしたら、日本の歴史はどう変わったのだろうか。

慶喜は、鳥羽・伏見の戦いで「応戦」したのを最後に、一切の武力行使を行わなかった上、朝廷への恭順の意を示して謹慎までした。彼の行動によって、「戊辰戦争の被害が最小限に抑えられた」とする認識に、異論が差し挟まれることは考えにくい。

徳川第十五代将軍が慶喜ではなかったとしたら、慶応四年（一八六八）はどのような年になったのか。確実に、旧幕府軍と新政府軍が、死力を尽くして戦う、恐るべき規模の内戦が繰り広げられたはずである。旧幕府軍は、軍事力において新政府軍に後れを取っていたわけではない。例えば、榎本武揚が証明したように、海軍に関しては旧幕府軍に一日の長があった。

戊辰戦争が、死力を尽くした内戦になっていた場合、その結論として待っていたものは一つである。日本の分裂と植民地化――これに違いない。

この私見が正しいとすれば、「非戦」を貫いた慶喜は、日本を救ったとさえいえるはずだ。しかし当の慶喜が、それを認識し、日本一国の未来を優先して動いていたとは、到底思えない。水戸藩主の徳川斉昭（なりあき）（一八〇〇〜六〇）の七男だった彼を動かしていたのは、徹頭徹尾、水戸学だった。慶喜は水戸学の原理主義者であり、それが「結果として」日本の植民地化を阻止した。こう考えるのが、最も適切かと思われる。

王政復古と水戸学

慶応三年（一八六七）十月十四日の大政奉還によって、江戸幕府の時代は終わりを告げた。ただし、これによって徳川家の権力が完全消滅したわけではない。慶喜は、「公議政体論」に基づいた諸侯会議を創設し、そこに自身も加わることで、徳川家の政治的権力を維持し、存続させることを目論んでいた。

図21　徳川慶喜（『幕末三舟伝』より）

知性派の慶喜らしく、江戸時代最後の年である慶応三年における彼の行動は、実に合理的だった。その極め付きが抜群のタイミングで行われた大政奉還で、これによって薩長は討幕の大義を見事に奪い取られたのである。しかし、江戸市中での治安の攪乱、そして鳥羽・伏見の戦いの契機となった強引な武力行使は、慶喜を大いに困惑させた。薩長は何があろうとも、戦に持ち込みたいことが明らかになったからである。

この波乱の政局の中で、慶喜は何を思ったのだろうか。これを知ることのできる史料の一つが、かの渋沢栄一（一八四〇〜一九三一）の編んだ『昔夢会筆記(せきむかいひっき)』である。「昔夢会」は、慶喜の伝記を編纂(へんさん)するため、史料調査を目的に立ち上げられたものだった。具体的には、会主を渋沢が務め、慶喜にインタビューする形で、明治四十年（一九〇七）から大正二年（一九一三）まで、合わせて二十五回行われている。『昔夢会筆記』は、タイトルに明らかなように、その記録である。ここには、慶喜本人の貴重な言葉が数多く収録されている。

以下、『昔夢会筆記』の中にある言葉を頼りに、戊辰戦争期に慶喜が何を考えていたのか、振り返ってみたい。まずは、慶応三年十二月九日（一八六八年一月三日）に発せられた、王政復古の大号令に関するものである。

意外にも、この件については、慶喜本人は一切動揺しなかったという。それどころか、彼の下には、事前に大号令の発せられることが伝えられていた。伝えに来た人物は、福井藩士の中根雪江(ゆきえ)（一八〇七〜七七）である。

中根が二条(にじょう)城に来りて、近日王政復古の大号令を発し、関白・将軍・守護職・所司代みな廃せらるるに至るべしと、眼を円くして語れるは事実なり。この時は人払いにて聴きたるやに覚ゆ。されど予は別に驚かざりき。既に政権を返上し、将軍職をも辞したれば、王政復古の御沙汰あるべきは当然にて、王政復古にこれらの職の廃せられんこともまた当然なればなり。

——徳川慶喜談、渋沢栄一編、大久保利謙校訂『昔夢会筆記』（東洋文庫）

慶喜本人は驚かなかったが、これに間違いなく反発する勢力が存在することも、彼は十分に認識していた。その筆頭は、会津藩主の松平容保と、桑名藩主の松平定敬である。

中根退きて後、予は板倉伊賀守を呼びてその旨を告げ、「この上は何事も朝廷のままに従うこと、なお従来諸大名が幕府の命に従いしごとくすべし」といいしに、板倉も至極同意にて、「謹んで朝命をさえ御遵奉遊ばされなば、それにてよろしかるべし」といえり。されど会桑はとうてい承服すべきにあらざれば、これを聞かせては事面倒なりと思いて、いまだこれを洩らさず。

——同書

会桑（会津・桑名）と比べるまでもなく、慶喜は朝廷に対しては、当初から過度に思えるほどに従順だった。それは、幕府が制度的に疲弊し、時代に取り残されていることを、彼が理解していたからだろうか。もちろん、そのような理由もあるはずである。しかし、彼の態度は、それ以上に、水戸学に律されたものと考えるのが適切だろう。

水戸学は、儒学を中心に、史学、神道、そして国学をも取り込んだ思想である。慶喜が拠りどころとしていた後期水戸学は、天皇の神聖性と、その君臨の持続性を強力に主張するところが特質だった。朱子学の影響から、君主たる天皇を「有徳な統治者」と捉え、尊王攘夷論の根拠ともなった考え方である。

幼いときから、この水戸学という思想を叩き込まれた慶喜は、朝廷と敵対することを何よりも恐れていた。それは、哲学というより、むしろ宗教に近いものと考えた方がよい。

鳥羽・伏見の戦いの真実

何より、朝廷との武力衝突を避けることに尽力した慶喜。しかし、「旧幕府を武力で叩き潰したい一派＝討幕派」はもちろん、理不尽極まりない攻撃を受け続けた佐幕派も、開戦止むなしとする心情に至りつつあった。

そんな中で起きた江戸の薩摩藩邸焼き討ちは、遂に佐幕派の堪忍袋の緒が切れたことを意味するものだった。そして、慶喜はもちろん、老中首座の板倉勝静も、この焼き討ちが薩摩藩に戦の「口実」を与えてしまうものであることを、十分に認識していたのである。慶喜は、次のように回想している。

薩邸焼討の事（慶応三年十二月二十五日）は、板倉はいたく不同意なりき。初め江戸に火事ありし時、庄内はじめ人数多く集まりたれば、この機に乗じて薩邸を焼討すべしとの説ありしも、宥（なだ）むる者ありて中止となりしが、この事京都に聞こえしかば、板倉いたく憂慮して、「そはもってのほかなり。上方も江戸も、ひたすらに静まりおり、薩藩をして乗ずるの機会なからしむこと肝要なり」といえり。

——同書

慶喜本人についていえば、新政府そのものに対しては非戦論で一貫しており、何があっても手出しすることを避けようとしていたことがよくわかる。そもそも、彼には朝廷に反逆する意思などなく、ただ「上京せよ」との勅命に従ったのみだと語る。

前に朝廷から軽装で私に上京しろということであった。軽装で行くなら残らず行けという勢いで、そこでなお上京しろという命令があったから、それを幸い、先供（さきども）でござると言って出て来た。ところが関門があって通ることがならぬ。これは上京するようにという朝命だ。朝命によって上京するのだから関門をお開きなさい、いや通すことはならぬ、朝命だからお通しなさいというのだね。

——同書

しかし、実際には、慶喜は慶応四年（一八六八）一月二日に「討薩表」を発し、新政府そのものや朝廷に対してではなく、限定的に薩摩は討伐されるべきとの意思を表明していた。上京した旧幕府軍は、この「討薩表」を携えていたので、慶喜の遣わした軍が、穏健に上京だけしようとしていたというのは、不正確だといわなくてはならない。

慶喜は、王政復古の大号令以降、すなわち新政府成立以降の動きを、天皇の意思ではなく、薩摩の恣意に基づいたものと考えていた。つまり、尊王派の慶喜は、天皇の周りから薩摩という「奸臣」を取り除くために、場合によっては武力を行使せざるを得ないと結論したわけである。

かくして京都に向かった旧幕府軍は、街道を封鎖していた薩摩軍と遭遇する。旧幕府軍が、朝廷の命を受けて上京途中であったにも拘わらず、彼らは封鎖を解くことをしなかった。そして、遂に衝突が起きる。

そこで押し問答をしているうちに、その談判をしている向こうの隊が後へ引いた。陣屋へ引いてしまうと、後から大砲を撃った。そこで前から潰された。すると左右に藪がある。藪の中へかねて兵がすっかり廻してあった。それで横を撃たれたから、此方の隊が残らず潰れかかった。それで再び隊を整えて出た。こういうわけである。

——同書

慶喜の話からは、薩摩藩はあらかじめ戦の準備を十分にしていたことがわかる。藪の中に兵を潜ませていたことから理解できるように、どのような事情があろうとも、彼らは旧幕府軍を砲撃するつもりだったのである。

そして、旧幕府軍が「朝命」と伝えても、一切聞き入れないことを知れば、新政府軍の正体が理解できることだろう。やはり彼らは、天皇の威光をただ利用していたに過ぎない。もし、天皇の意思のままに動くことを心に決めていたのならば、どうして旧幕府軍を通さないことがあるだろうか。

なお、鳥羽・伏見の戦いが起こったとき、慶喜本人は大坂城から動かずにいたが、それは彼が風邪をこじらせていたからだという。ただし、これも事実かどうか疑わしい。不要な戦を避けるための、慶喜らしい言い訳であったようにも思われる。

最悪のシナリオを喰い止めた慶喜

鳥羽・伏見の戦いが終結した後、朝廷に対して薩摩藩は次のように説明している。

①この戦は、旧幕府軍側からの発砲によって開始された。
②慶喜自らが、会桑を先鋒（せんぽう）とした旧幕府軍を率いて京都に進軍してきた。

よって、慶喜は「朝敵」に指定すべき賊であると、薩摩藩は力を込めて説いた。もちろん、両方ともに事実ではない。しかし、何があっても徳川家を掃討したかった彼らは、この機会を利用する他に手はない、と考えていた。嘘や偽りも、結果さえよければ問題なしとするのが、この時期の薩摩の姿勢だった。

なお、このような薩摩藩の振る舞いは、武士層だけではなく、一般の庶民にも知られることとなる。例えば、当時版行された風刺錦絵「おそろししのけだもの」は、薩摩藩を荒くれた獅子として描く(図22)。読み解くヒントとなるのは、獅子の身体にある柄で、籠模様と縞模様で「かごしま=鹿児島」となって薩摩藩と判明するのである。この獅子の前に餌として小判が置かれているのも、皮肉が効いている。

さて、鳥羽・伏見の戦い以降については、まさに薩摩藩の希望通りの状況となった。一月七日に慶喜追討令が発せられ、戊辰戦争は本格的に開始されることになった。これで、戦に勝ちさえすれば、徳川家を潰滅させることが可能となったのである。

ところが、江戸城に戻った慶喜は、周囲からは意外にしか思われない行動に出る。ここに来ても、抗戦の姿勢を一切みせなかったのである。幕府に肩入れをしていたフランス公使のレオン・ロッシュ(一八〇九~一九〇〇)は、一月十九日、慶喜に拝謁して軍事行動に出ることを強く勧めた。だが、慶喜の気持ちが変わることはなかった。

東帰の後、仏国公使ロセス(引用者注:ロッシュのこと)が再挙を勧めたることはさ

図22　「おそろししのけだもの」（慶応四年版行、著者所蔵）

きにも話したるが、その時、初めは小笠原壹岐守も陪席せしに、ロセスは言を尽して再挙を図るべき由を勧告するにより、予は壹岐守を退席せしめ、鹽田三郎のみを通訳として、ロセスと対座にて、懇懇と日本の国体は他国と異なる所以を説き聞かせ、「されば予はたとえ首を斬らるるとも、天子に向かって弓をひくこと能わず」といえるに、ロセスも遂に感服して、「しからば思し召し次第に遊ばさるべし」というに至れり。

——同書

もし、慶喜がロッシュの意見に動かされ、抗戦を開始していたら、どうなっただろうか。間違いなく、フランス軍が旧幕府軍に加わったことだろう。そうなれば、旧幕府軍の戦力は相当なレベルに達する。しかし、フランスが旧幕府軍に加わったとの報を受けたと同時に、表面上は中立を旨としていたイギリスも、新政府軍に加わらざるを得なかったはずである。結果として、戊辰戦争は、我々が知っている規模とは段違いのものとなったことだろう。江戸は焼き尽くされ、主要な都市の多くが戦場となり、夥しい数の人命が失われたに違いない。

そして、経済的な都合が戦争を終わらせた後、旧幕府軍の主力となったフランス軍と、新政府軍の主力となったイギリスが、日本を二つに分割していた可能性が高い。もちろん、その取り分は、戦いがどう展開したかによって変わるだろう。ただ、当時における兵器の性能からすれば、イギリスがより多くの領土を獲得したのではないかと思われる。

この最悪のシナリオは、慶喜と、彼の行動原理となっていた水戸学によって、実現が阻まれた。それは、偶然といえば偶然かも知れない。だが、新政府軍の横暴が、このような悲劇的な未来に繋がる可能性を持つものだったことは、忘れるべきではない。

最後に、維新後の慶喜に触れておきたい。謹慎が解けた後、彼は静岡の地で、一般人と同じように暮らした。特に、油絵や狩猟、釣り、写真など、趣味の世界に没頭した。そして明治十年代初頭、「天敵」だった維新の三傑（木戸孝允・西郷隆盛・大久保利通）が全て鬼籍に入ったこともあり、以降は家族と共に、平和な日々を楽しんだという。昔夢会自体も、三傑がもういなかったからこそ、可能となったのだろう。

数奇な運命に翻弄された「ラスト・エンペラー」は、意外に自身の生を楽しんだように思われる。

第四章　明治政府のイメージ戦略と「三傑」の実像

第一節　「旧き悪しき」幕藩体制と「輝かしき」新政府

新体制とイメージ戦略

明治二年（一八六九）五月十八日、箱館戦争が終結した。これを以って、新政府は国内統一を遂げたことになる。文字通り、血腥い軍事力によって、彼らは日本の政権を奪取することに成功したのである。

戦争によって政権を得るという現象は、古今東西、頻繁に確認できるものである。しかし、戊辰戦争が異様な点は、話し合いによって解決しようとしていた旧幕府を、ありとあらゆる手を尽くして、戦争に誘い出したことだろう。そして、まさに「見せしめ」として、会津藩を血祭りに上げたことにある。

新政府にとって、この後すべき仕事は何だろうか。第一は、政治体制を整備することである。自身の権力を維持、存続させるために、それは当然必要だろう。だが、もう一つ、すぐに手を付けなければならないことがある。それは、明治新政府が「正しい政府」であることを証明し、喧伝すること、すなわち「イメージ戦略」の遂行である。

実際に新政府は、自らの政権が正統なもので、戊辰戦争が避け難いものであったことを、様々な理屈を駆使して発信した。そして、少しずつ「正史」としての維新史を構築していく。それは端的に表現すれば、旧き悪しき「近世＝徳川幕府」を、「自由・平等・博愛」を旨とする「近代＝明治新政府」が圧倒する物語を紡ぐことだった。

「正史」としての『復古記』

自分たち新政府が正しいことを主張するために、「正史」を作ること。その際に必要なことは、何はともあれ史料を収集することである。いかに力強い言葉で書かれていようとも、根拠を欠いた歴史は説得力を獲得できないからである。

それでは、新政府はいつ頃から、この作業を開始したのだろうか。それがなんと、明治五年（一八七二）からなのである。戊辰戦争の終結から僅か三年、体制が安定する遥か以前から、自身の正統性を主張し、権威を保障するために、明治維新に関連する史料の収集と編纂を始めたというのだから、驚きである。

この努力は、初の官撰維新史である『復古記』に結実する。明治天皇による「王政維新の鴻業の功労者を記録せよ」という勅命に基づき、太政官正院歴史課が編纂を始めたこの書は、最終的には東京帝国大学臨時編年史編纂掛が、明治二十二年（一八八九）に完成させている。足掛け十七年の大事業である。

完成した『復古記』は、全百五十巻という大部となった。しかも、この修史事業の中では、『復古記』本編以外に、『復古外記』全百四十八巻などもまとめられており、その規模の大きさと力の入れ様が、尋常ならざるものだったと窺える。なお、『復古記』の綱文（概要）のみを抜粋した『明治史要』は、明治九年（一八七六）に太政官修史局が公刊している。

新政府が「正史」としてまとめた『復古記』は、国民にとって紛れもない「事実」として受容されていく。特に学校教育を通して、この「正史」は新しい世代の中に確実に定着していった。悪しき江戸時代と、輝かしき明治時代という「一つの見解」が、時間の経過と共に、疑いを入れることのできない「事実」に転化したのである。

この「正史」編纂事業は、『復古記』によって完結したわけではない。明治四十三年（一九一〇）、第三代内閣総理大臣を務めた山縣有朋、外務大臣や内務大臣、大蔵大臣などを歴任した井上馨（一八三六～一九一五）らが維新史料の収集のために作った「彰明会」は、翌年に文部省維新史料編纂会となり、更に大規模な「正史」編纂プロジェクトが始まるのである。

この維新史料編纂会は、皇室からの下賜金も財源としていた上に、顧問として加わった面々には、薩長、及び土佐藩出身者が多かった。特定の価値観に立脚せず、アカデミックであることを旨としていたものの、このような構成員による編纂会にそれを期待するのは無理というものである。例えば、彼らが維新自体に批判的な意味合いを持つ史料を収集することなど、現実的には考えられない。

明治政府のイメージ戦略は、現代に生きる我々にも大きな影響を与えている。維新史料編纂会によってまとめられた『大日本維新史料綱要』、『大日本維新史料』、『幕末外国関係文書』などは、今も日本近世史、及び近代史の基礎となっている。もちろん、義務教育で使われる教科書に関しても、元となっているのは編纂会によって集められたこれらの史料なのである。

「外交に弱腰な徳川幕府」観

戊辰戦争が終結してから、新政府が取り組んだイメージ戦略は、感嘆するほどに大きな成功を収めている。

そもそも「明治維新」という言葉自体、彼らのイメージ戦略の一環として用いられたものだった。「維新」とは、『詩経』や『書経』から取られた語で、「あらゆることが改められて、一新されること」を意味する。そこに込められたニュアンスは、明治に入って「世の中が改善された」というものに他ならない。何気ない言葉一つにも、様々な思惑が込められている。

すでに触れた『復古記』をはじめ、新政府は自身の正統性を担保する「正史」の作成に、何より力を注いだ。簡潔にいえば、「自分たちが正しい」ことを証明しようとしたのである。なお、そのようなポジティブな作業と同時に、彼らは「あるもの」を否定することにも注力した。それは、旧体制たる徳川幕府である。

　幕府に対する数々の批判の中でも、最も有効だったものは、対外関係についてのものだろう。例えば、嘉永六年（一八五三）、浦賀にペリー艦隊が来航したとき、「江戸城内は上を下への大騒ぎになった」という話は、今でも普通に語られている。そして、ただ語られているだけではなく、多くの人には、否定できない事実と信じられてもいるようである。

　しかし、このペリー艦隊の来航については、前年に長崎出島のオランダ商館長から受け取った「別段風説書」によって知らされていたこともあり、幕府内部で混乱は起こらなかった。しかも、役人たちは外国人の対応に慣れており、客観的にみれば、一回目の来航時、ペリーは巧みにあしらわれてしまったといってよい。沿岸の庶民はお祭り騒ぎをしたが、幕府の役人たちは冷静そのものだった。

　ペリーの要求で幕府が一つだけ驚いたのは、軍事力をバックに開国を迫ったこと、つまり戦争の可能性を持ち出したことで、これは当時多数来航していた他の列強国の使節にはない、極めて粗野な交渉態度だった。しかしこれに関しても、混乱を生むようなものではなかったようである。

　翌年にペリーが再来して条約に関する交渉を行った際、幕府は大学頭（昌平坂学問所の長官）だった林復斎（一八〇一～五九）に対応させたが、ペリー一行は彼の頭脳と弁論力に打ち負かされ、最も望んでいた通商に関する項目を、どうしても条約の中に入れることができなかった。普通に考えれば、当時を代表する儒学者だった復斎に、一軍人のペリーが敵うはずはなく、これは当然の結果といえる。

しかし、明治新政府は、この事実をうまく改変することに成功した。その際に採った方法は、なかなかに巧妙である。

まず、早くも文久二年（一八六二）に『彼理日本紀行』の名の下で翻訳されていたペリーの日本遠征記については、明治以降も出版を制限せず、そのまま放置した。その一方で、日本側の記録は、まるで存在しなかったかのように無視したのである。ペリーの遠征記は、幕府の役人を弱気に描き、アメリカ側の要求が全て通ったかのように記され、結果として自らの功績を誇示する内容となっていた。これは、新政府にとって、極めて好都合だったのである。

それに対し、林復斎によって記された日本側の議事録『墨夷応接録』は、存在すら長らく公表されず、公刊されることも一切なかった。『墨夷応接録』には、ペリーが止むを得ず自国の要求を取り下げたことや、艦隊の軍人たちによる不法行為を咎められ、うろたえる様子が生々しく記録されている。幕府の高い外交能力を窺わせるこの文書は、だからこそ積極的に内容を広められることがなかったのである。

なお、『墨夷応接録』は大正二年（一九一三）になって、『大日本古文書　幕末外国関係文書（附録之一）』（東京大学史料編纂所編、東京大学出版会）に収められて、ようやく公刊された。しかし、これは価格的にも流通的にも容易に手にすることのできる書ではなく、加えて「くずし字」が多く含まれた候文だったため、一般の人々に知られることはほとんどなかった。

この書が同時代の人々も容易に読める形で出版されるのは、実に平成三十年（二〇一八）になってからのことだった。私が手掛けた『現代語訳　墨夷応接録』（作品社）である。ここには、現代語訳のみならず、原文も収録し、また日米和親条約と下田追加条約の現代語訳と原文も加えた。これによって、ようやく史上初の日米交渉をフェアに確認するための史料が出揃ったこととなる。

しかし、何度も繰り返し新訳が為され、様々な出版社から公刊されたペリーの日本遠征記とは対照的に、遅くとも明治九年（一八七六）には発見されていた『墨夷応接録』が、百四十年以上も単行本として発行されていなかったという事実は変えられない。この歪みが、現代の歴史教育にも看過できない影を落としている。

学制と教育の中央集権化

旧世代の人々が、いくら激しい反体制的思想を持っていたとしても、時間の経過と共に、彼らは必ず数を減じていく。それに対し、まだ真っ白な新世代に「新政府の存在は正しいものである」と教育できれば、いつか日本のほとんどの人々は、そう信じ始めるはずである。だからこそ、新体制を築いた権力者たちは、洋の東西を問わず、教育にこそ注力するのである。

明治政府の教育に対する政策は、明治五年（一八七二）に公布された「学制」に始まる。ここで、江戸時代に学問の中心に据えられていた儒学が否定された上、藩校中心の教育は封建的だったと批判された。そして、「四民平等」の理念の下、全ての人々が等しく教育を受けられる制度を目指すことを宣言したのである。

具体的には、全国を八大学区に、一大学区を三十二中学区に、一中学区を二百十小学区に分割し、全国に八の大学校、二百五十六の中学校、五万三千七百六十の小学校の設立が計画された。壮大な教育計画である。そして、当然このようなものが実現するはずがない。問題は、財源である。学制に書かれていた計画は、一見立派だが、疑いなく絵空事だった。

それでもなお、学制は注目に値する。それは、この教育制度が「中央集権体制」に基づくものであると明記されていたからである。その冒頭には、「全国の学政は之を文部一省に統ぶ」との文言が確認できる。学制は、近代的教育システムのみならず、教育の中央集権化の出発点なのである。

江戸時代の教育は、藩校や寺子屋、私塾によるもので、中央政府から細かな内容に関する指導や制限などはなかった。いや、なかったどころか、それを実現するためのシステムすら存在しなかった。このような教育は、体制側からみると相当に危険である。いつ自分たちの体制に反旗を翻す者が出現するか、わからないからである。

それに対し、中央集権化された教育システムは、体制側にとって極めて安全である。条件さえ整えば、教育内容の標準化が可能となるからである。これほどイメージ戦略上、重要なものはないといってよい。

教育内容の統一、例えば検定教科書の使用などは、主に経済的事情から長らく実現しなかったものの、中央集権化の効果は、早期に表れる。

明治九年（一八七六）から明治十八年（一八八五）にかけて、明治天皇と政府首脳は全国を視察して回る。この際、訪問したいずれの地でも、教師に引率された小学生たちは、一列に整列して一行を迎えたと記録されている。一行に全く無関心な大人たちが多かった中、幼い小学生たちは、天皇と政府首脳への敬意を「刷り込まれた」のである。

ただし、明治における教育の方針は、試行錯誤を繰り返して二転三転する。それは例えば、儒学に対する扱いだった。封建的と批難しておきながら、儒学に替わる徳育の教材を、政府は長らく見出せずにいた。明治十二年（一八七九）に天皇より下された「教学聖旨（きょうがくせいし）」などは、道徳教育として「儒学の復権」を目指したものであり、教育の方針や内容についての混乱具合が確認できるものとなっている。

また、就学率の低さも、当時においては大きな問題だった。明治六年（一八七三）時点でみると、学齢児童の小学校への就学率は、男子で三十九・九％、女子で十五・一％しかない。平均で、二十八・一％である。子どもは貴重な労働力であり、学校で勉強をすることの意義を理解できない親も多くいる時代だった。また、女子に学問は必要ないと考える頑冥な男尊女卑観も、まだまだ強く残存していた。

しかし、国の経済的側面が一層強化され、人々の生活に余裕が出てくると、就学率は自然に向上していく。明治十五年（一八八二）には、学齢児童の小学校への就学率は、男女平均で五十％を超えた。それによって新政府のイメージ戦略は、より大きな効果を期待できるようになる。学校の授業を通して、「近代を招来する革命＝明治維新」とする「正史」が、次第に、しかし確実に定着していくのである。

第二節　「五箇条の誓文」と木戸孝允――維新の三傑①

維新の三傑

「維新」という言葉自体に、すでにポジティブなニュアンスが込められていることは、先に触れた通りである。旧き悪しき江戸から、新しき、希望溢れる明治へ――維新という語を使って歴史を眺めることに、既に価値的な偏向があることは常に意識しておく必要がある。

この維新を語る際、西郷隆盛、大久保利通、木戸孝允の三名が、中心的役割を果たした人物として、一まとめに語られることも多い。その際に添えられるのは、「維新の三傑」なる勇ましい呼称である。三傑とは、三人の傑物ということだから、「維新という偉業を成し遂げた、秀でた三名の人物」という意味が込められたものである。相当に褒め上げた呼び名だといわなくてはならない。

この三名のうち、西郷と大久保が薩摩出身、木戸が長州出身である。薩長が明治新政府の正体だと考えれば、極めてバランスの取れた選出ではある。そんな彼らには、一つの共通点があった。それは、三人ともに、元々は下級武士だということである。少なくとも幕末以前であれば、一藩の、ましてや一国の政治に関わる立場になれるような身分ではない。このことは、維新というものを冷静に考え直す際に、一つの材料となるだろう。

桂小五郎から木戸孝允へ

図23　木戸孝允肖像画（明治・大正期の絵葉書より）

維新の三傑の中で最も影が薄いのが、木戸孝允である（図23）。彼が桂小五郎（かつらこごろう）と名乗っていた頃、つまり、幕末の志士として活躍した時代については、今も多くの人によく知られている。それに対して、木戸姓に変わり、明治政府の中心人物の一人として働いた彼は、語られることが比較的少ない。その理由を考えながら、まずは彼の半生を眺めてみたい。

木戸が生を受けたのは、江戸時代の終焉まで残り三十四年となった、天保四年（一八三三）のこと。「小五郎」は、彼の通称である。父親は、長州藩の藩医を務めていた和田昌景（一七七九～一八五一）だった。やや病弱だった小五郎は、天保十一年（一八四〇）に、向かいの家に住んでいた藩士、桂孝古（一七七八～一八四〇）の養子となった。ここで、彼の姓は桂となる。

ただし、養子となって間もなく孝古が病死したため、小五郎は「末期養子」扱いとなり、桂家は百五十石取りから九十石に削られてしまう。その後、彼は生家の和田家で育てられることとなった。

小五郎は幼少の頃から、書道や学問に長じていた。この彼の能力を一気に開花させたのが、かの吉田松陰（一八三〇～五九）である。嘉永二年（一八四九）、松陰の門下生となった小五郎は、実践に繋がる知性を育んでいく。彼が、藩を代表する尊王攘夷派の志士となるのに、それほど時間はかからなかった。

嘉永五年（一八五二）、小五郎は長州を訪れていた神道無念流の剣客、斎藤新太郎（一八二八～八八）に従って江戸に出た。彼の江戸滞在時、幾つかの歴史的大事件が起きている。その筆頭は、出府した翌年にあったペリー艦隊来航だろう。更に一年後、小五郎の師であった松陰は、ペリーの艦船でアメリカへの密航を企てたとして、逮捕される。そしてその五年後に彼は処刑されて、この世を去るのである。

江戸で時代の変転を肌で感じ取っていた小五郎は、その実力に見合った出世をしていく。松陰が処刑された年である安政六年（一八五九）、彼は長州藩江戸藩邸の舎長となった。その後、水戸や薩摩の尊王攘夷派と交流を深め、確実に存在感を高めていく。そして、文久三年（一八六三）、小五郎は機務参与（さんよ）となり、上京を命じられた。ここで遂に、彼本人も騒乱に巻き込まれることとなる。いわゆる八月十八日の政変（長州藩を中心とする尊王攘夷派が京都から駆逐された事件）である。

この後も変名を使うなどして京都に留まり続けた小五郎だったが、幕府の追及によって少しずつ追い詰められていく。翌年（一八六四）の禁門の変の後など、彼は京都の地でスパイ映画さながらの潜伏生活を送ったという。なお、このときに惜しみなく援助をしてくれた芸妓の幾松（いくまつ）（松子・一八四三～八六）とは、後に正式に結婚することとなる。

幕末の政局において重要な位置を占めながらも、長らく劣勢に立たされていた長州藩。彼らが一気に巻き返しを図る契機となるのが、慶応二年（一八六六）に結ばれた薩長盟約である。これは、二人の土佐脱藩浪士、つまり坂本龍馬（一八三五～六七）と中岡慎太郎（一八三八～六七）の仲介によって実現したものだった。

なお、この前年に、小五郎は正式に木戸姓に改名している。その理由はもちろん、幕府の追及から逃れるためである。桂小五郎は、公式にはこの時点で死んだことになった。

木戸と「五箇条の誓文」

桂小五郎改め木戸孝允は、この後長州藩のリーダー的存在となり、またその見識の高さから、倒幕勢力の中心となる。

そして、慶応四年（一八六八）。遂に、木戸に追い風が吹き始める。鳥羽・伏見の戦いで勝利した新政府軍は、その勢いを保持したまま、翌月に東征を始めた。この新政府の理念を明文化したのが、同年三月十四日に公布された、「五箇条の誓文」である。

この「五箇条の誓文」の基礎となったのは、福井藩士の由利公正（一八二九〜一九〇九）によって作られた「議事之体大意」である。なお、作成に当たって由利が参考にしたのは、横井小楠の「国是七条」だった。開明派の儒学者として広く名が知られていた小楠は、福井藩に招かれて政治顧問を務めたことがあり、福井藩士だった由利が彼に強い影響を受けたのは、実に自然なことだった。

由利の「議事之体大意」は、土佐藩士の福岡孝弟（一八三五〜一九一九）、そして木戸が持ち寄った草案との摺り合わせを経て、「五箇条の誓文」として形を成す。つまり、「五箇条の誓文」には、木戸の政治に対する考え方も大きく反映されているのである。表現を換えれば、そこに書かれた内容は、少なくとも「木戸が賛同できるものだけ」だった。

このようにして完成、公表された「五箇条の誓文」は、次の通りである。

第一条　廣ク會議ヲ興シ萬機公論ニ決スベシ
第二条　上下心ヲ一ニシテ盛ニ經綸ヲ行フベシ
第三条　官武一途庶民ニ至ル迄各其志ヲ遂ゲ人心ヲシテ倦マザラシメン事ヲ要ス
第四条　舊來ノ陋習ヲ破リ天地ノ公道ニ基クベシ
第五条　智識ヲ世界ニ求メ大ニ皇基ヲ振起スベシ

――石井良助編『太政官日誌（第一巻）』（東京堂出版）

まず、第一条から検討してみたい。「萬機」、つまり全てを「公論ニ決スベシ」と述べている以上、新政府は、江戸時代にはそれが行われていなかった、と考えていることがわかる。徳川家の専制を廃し、今後は広く話し合いによって物事を決めよう、というわけである。

しかし、慶喜らは大政奉還後、公議政体論に基づく諸侯会議によって、これと全く同じことを目指していたはずである。もし理念が同じならば、徳川家を武力で排除することに正当な理由がなくなってしまうことだろう。

第一条は、木戸の草案においては、「列侯会議ヲ興シ、萬機公論ニ決スベシ」となっていた。この「列侯会議」という語を最終的に削ったことは、新政府にとって大正解だったように思われる。「列侯会議」は、慶喜らの諸侯会議による国家構想を想起させるからである。

次に、第二条である。ここにみえる「經綸」とは、「国家の秩序を整え、治めること」を意味する語で、この条はすなわち、「身分に縛られることなく、国家を安定させるための案を議論していかなければならない」と主張するものである。しかし、もちろん実際の政策決定に、国民の意見を組み入れようなどとは考えていない。いや、その気持ちが万が一あったとしても、選挙に類する制度が設立されておらず、庶民の意見を吸い上げるシステム自体がないため、実現不可能だった。

そして第三条は、新政府における指導者たちのあるべき姿勢を述べたものである。「志を実現することを目指し、国民を失望させてはいけない」という意に取れる。

続く第四条は、徳川幕府に対する強烈な批判である。「舊來ノ陋習」とは、「昔から続く悪い習慣」の意である。江戸時代のやり方は、「舊來ノ陋習」そのものであり、西洋列強に伍していくには、これを打ち破っていかなくてはならない。新政府は、かつての政治は天地の公道に基づいていなかった、と主張しているのである。

そして、最後の第五条である。「智識ヲ世界ニ求メ」という箇所からは、「海外からどんどん優れたものを吸収しよう」という新政府の意気込みが伝わる。実際に、明治に入ってからの日本は急速に変化していく。ただし、それが至極単純な「西洋化」と表現できるものだったことは、憶えておくべきだろう。

志半ばでの最期

「五箇条の誓文」の基調となっているのは、「新しいことをする」と「江戸時代は間違っていた」の二つである。しかし、その新しいことは、実際は慶喜らが実現させようとした諸侯会議と変わるものではなく、相違点は、そこに加わるのが西南雄藩出身者ばかりということだけだった。

また、「江戸時代は間違っていた」とする最大の根拠は、「天地ノ公道」に基づいていなかったから、ということになるが、その根拠は特に示されていない。また、大政奉還後にみせた慶喜らの国家構想を、理屈によって非難する作業が行われていないため、徳川家への批判としては力を発揮できていないように思われる。

この「五箇条の誓文」の中で、明らかに新しい、あるいは江戸時代との違いをアピールできているのは、第五条にある「皇基ヲ振起スベシ」という箇所のみだろう。「皇基」は「天皇が国家を統治する基礎」であるという意味であり、天皇中心の集権国家を構想していることが明確に表れた一節である。

なお、由利の「議事之体大意」には、「貢士期限ヲ以テ賢才ニ譲ルベシ」との項目があった。また、福岡による改訂稿においても、これを一部変更した「徴士期限ヲ以テ賢才ニ譲ルベシ」という項目が残っていた。「貢士」とは藩によって推挙された者であり、「徴士」とは国によって取り立てられた者のことである。彼らは、一定の期限で交代するべき、というのがこの項目の意味するところだった。

しかし、これを最終案では削ってしまったのである。この理由は、一つしか考えられない。「五箇条の誓文」のような目立つ文書に、「官吏の任期は期限付き」などという内容を入れてしまうと、自分たちが政権の中心に長期間留まった場合、批判される可能性が高まるからである。

一方で、閏四月二十一日に公布された「政体書」（新政府の政治組織を定めたもの）の方には、「諸官四年ヲ以テ交代ス」の文言が正式に加えられた。ただし、「若(もし)其人衆望ノ所属(ぞくするところ)アツテ難去者(さりがたきもの)ハ、猶(なお)数年ヲ延(のば)サヾルヲ得ズ」とも書かれており、期限についての抜け穴が周到に準備されている。

実際に、維新期に活躍した人々の多くは、健康上の問題が生じない限り、肩書きを変えつつ国の中心にずっと居座った。これが、「公」を重んじ、「私」を否定する振る舞いだと、果たしていえるだろうか。もし、新政府の要人たちが、自分たちは公益の何たるかを理解して、それに基づいて政治に関わっていると信じていたというのならば、その根拠は何だろうか。答えは、いくら問い続けても出てきそうにない。

そして、「五箇条の誓文」に明らかなように、新政府は江戸時代を徹底的に否定することによって、国の歴史を断絶させてしまった。西洋列強のシステムを移植すれば、彼らと同じになれるという安易な考えによって、ルーツを切り離し、無批判に物質的西洋化を進めたのである。

改革において急進派だった木戸は、大久保利通と度々対立したという。しかし、実際は政治的理念の違いのみが、対立の原因とはいえない。木戸は長州出身で、大久保は薩摩出身だった。大久保本人は藩閥意識を脱していたと評されることも多いが、周囲の人間は、当然ながら彼を薩摩藩出身者であると捉えていた。もちろん、木戸も同様である。

明治の政治は「藩閥政治」という言葉によって、その排他性を批判されることが多くある。しかし、薩長土肥（どひ）という雄藩出身者の間でも、熾烈な争いがあった。それは、どのように言い訳しても、私欲に基づくものと指摘する他ない。

激動の時代において、常に最前線にいた木戸は、生来の病弱さからか、少しずつ体調を崩していく。そして西南戦争のただ中にあった明治十年（一八七七）五月二十六日、彼は京都で息を引き取った。維新の三傑では、最も早くこの世を去ったことになる。享年四十五。彼の最期の言葉は、「西郷モー大抵ニセンカ」（『東京日日新聞』明治十年六月四日付）だったと伝えられている。

第三節　権力欲に取りつかれた大久保利通――維新の三傑②

全て剣を取るものは、剣にて滅ぶ

安政六年（一八五九）のこと。三十歳だった大久保利通（一八三〇～七八）は、自らの信念を貫徹するために、ある人物の暗殺を企てた。その人物とは、時の大老、井伊直弼（なおすけ）（一八一五～六〇）である。

勅許を得ることなく列強と不平等条約を結び、安政の大獄と呼ばれる尊王攘夷派への大弾圧を行った彼を、大久保は許すことができなかった。結果として大久保の井伊暗殺計画は未遂に終わるが、これをきっかけに、「国父（こくふ）」として薩摩藩政の実権を握っていた島津久光（ひさみつ）（一八一七～八七）に取り立てられ、彼は藩の中心的存在の一人となっていくのである。

大久保は、目的達成の際に武力を用いることを、決して躊躇（ためら）わなかった。「正義」のためであれば、権謀術数を巡らし、時に血が流れる結果を招いても、それを問題とは認識しなかった。戊辰戦争によって旧幕府側の藩兵を蹴散らすことも、「正義」の行いであり、その意味において公益のためだった。

時が流れて、明治十一年（一八七八）五月十四日午前八時三十分頃。大久保を乗せた馬車が、暴徒に襲われた。犯人は、石川県士族の島田一郎（一八四八～七八）ら六名である。憎しみの余りだろうか、大久保の顔面は切り刻まれ、割れた頭から脳漿がこぼれていたという。

潔く自首した島田たちは、「斬奸状（ざんかんじょう）」を携えていた。そこには、次のような内容が書かれていた。

①公議を閉ざして民権を抑圧し、政治を私物化している。
②法令が朝令暮改であり、官吏の登用にコネが使われている。
③無用不急の土木事業などで、国費を無駄遣いしている。

④憂国の士族を排斥し、西南戦争のような内乱を引き起こした。
⑤外交に失敗し、不平等条約の改正を遂行できず、国威を失墜させた。

つまり、これらが「大久保暗殺の理由」だというのである。

暗殺という行為はともかく、不平を持った理由自体は決しておかしなものではない。そしてそれは、十九年前、大久保が井伊に対して抱いた不満によく似ていた。大久保も、彼を暗殺した六名も、同じように日本という国を愛し、よりよい未来を切り開くために力を用いたのである。

全て剣を取るものは、剣にて滅ぶ――大久保の波乱の人生は、『新約聖書』の有名な言葉を想起させるような終幕を迎えた。

図24　大久保利通肖像画（明治・大正期の絵葉書より）

岩倉使節団の歴史的失態

明治初期の政治を考える際、最も注目すべき人物は、疑いなく大久保である（図24）。

新政府成立後の明治二年（一八六九）、彼は参議に就任する。この参議とは、職員令官制（しきいんりょうかんせい）で、左右両大臣、大納言と共に、太政官の職として新設されたものだった。紛うことなき政府の要職であり、木戸や西郷もこれに任じられている。

大久保は参議として、版籍奉還をはじめとして、国の形を変える大仕事を遂行した。参議の後には、大蔵卿として活躍するが、その直前には廃藩置県も行っている。続いて明治四年（一八七一）十一月、大久保は岩倉使節団の米欧巡回に副使として加わることとなった。この使節団は、出発時の総員が百七名（留学生含む）、最終的な帰国が明治六年（一八七三）九月という、大規模なものだった。使節団に関して、山川出版社の『詳説日本史（改訂版）』では、次のように記されている。

外交問題では、幕府から引き継いだ不平等条約の改正が大きな課題であった。1871（明治4）年末、右大臣岩倉具視を大使とする使節団（岩倉使節団）がアメリカ・ヨーロッパに派遣され、まずアメリカと交渉したが目的を達することはできず、欧米近代国家の政治や産業の発展状況を細かく視察して帰国した。

——「第9章　近代国家の成立」、前掲『詳説日本史（改訂版）』

この説明を読むと、彼ら使節団がアメリカ側と議論の末、条約改正の予備交渉を断られたように思われるが、事実はかなり異なる。アメリカ側は、はじめ議論自体を拒絶したのである。それは、彼らのエゴからなどではなく、ただ単に使節団が条約について交渉する「資格」を持っていなかったからだった。そう、彼らは外交交渉に関する権限を持っていることの証となる公文書、すなわち全権委任状（国書御委任状）を携行していなかったのである。交渉以前の大失態という他ない。

政治の素人であること以上に、この使節団が最低限の事前準備すら行わず訪問してきたことに、アメリカ側が呆れ果てたことは間違いない。この後、大久保と伊藤博文（一八四一〜一九〇九）が急いで委任状を日本まで取りに戻ったが、条約改正に関する予備交渉は、アメリカを含む全ての訪問国で遂行されずに終わった。以上が、偽りのない歴史的事実である。

明治政府は徳川幕府の外交姿勢を長らく批判し続けたが、歴史に残る先の失敗を挙げるだけでも、その資格を満たしているか疑義が生じる。なお、日米和親条約に至る交渉の際、林復斎を筆頭とした応接掛は、ペリーに全権委任状の有無について問われ、当然のように提示している（『幕末外国関係文書之四』）。

笑わない「日本のビスマルク」

岩倉使節団として米欧を巡視した大久保は、普仏戦争の結果として成立したドイツ帝国に、最も感銘を受けたという。そのこともあり、帰国後は「日本のビスマルク」になろうとしていた、とも評される。大久保が「有司専制」、すなわち薩長土肥出身の官僚による専制政治の主導者として批判され始めるのも、この外遊後のことだった。

「鉄血宰相」なる異名を持つオットー・フォン・ビスマルク（一八一五〜九八）は、プロイセンのユンカー（地主貴族）出身の政治家である。文久二年（一八六二）にプロイセン首相兼外相となり、議会を無視して軍備の増強を行ったことで、普墺戦争（一八六六）と普仏戦争（一八七一）で自国に勝利をもたらした。かくしてドイツは統一され、ドイツ帝国が成立する。ビスマルクは初代宰相に就任し、ここから二十年間もその座にあった。

大久保が、このビスマルクに憧れを抱いたことは、この後の彼の振る舞いをみても、納得できるところである。結論のなかなか出ない議会制より、「能力を有する人物の独裁」による即断の方が、結果として国家にもたらす利益は大きい――大久保を貫く行動原理は、まさにこれだった。

明治初年の日本を設計した大久保は、果たしてどのような気質の人物だったのだろうか。彼と同じ薩摩出身で、横井小楠の甥にあたる松村淳蔵（一八四二〜一九一九）は、後にこのように証言している。

大久保公は喜怒の色に表われぬ人であった。あまりニコニコ笑っておられるのを見たこともないが、人と議論などがあっても、人が急き込めば急き込むほど沈着いてきて、ポツリポツリと話をされた。それに、夜分によくお話に上がったが、夜が更けるに随って、だんだんと味のある話をする人で、しっとりと沈着いた話し振りであった。

――佐々木克監修『大久保利通』（講談社学術文庫）

このような大久保の印象は、ひとり松村だけのものではない。当時、大久保と接触のあった多くの人々が、彼は寡黙な人物であったと語っている。そして、その寡黙さの奥に一種の凄みがあり、迫力に気圧されて普通に話すことができない者もいたという。

寡黙ながら、高い実行力を持ち、権謀術数も辞さない。そう聞くと、帝王学を授けられた人物のように思われるが、維新に関わった者の多くがそうであったように、大久保も下級武士の出身である。彼の生家は、薩摩藩士の中では下層の御小姓組に属していた。これは、西郷家と同じである。御小姓組は百五十石以下であり、経済的に厳しい家も多かったという。

この家格でありながら、大久保は藩内で成り上がっていく。すでに触れたように、その背後には島津久光の存在があった。先の藩主島津斉彬（一八〇九～五八）の異母弟にあたる久光は、実子である島津忠義（一八四〇～九七）が藩主の座に就いた後、「国父」として藩政の実権を握った人物である。大久保は、久光に気に入られたことから、万延元年（一八六〇）には勘定方小頭に、続いて小納戸頭取に就任し、これによって藩政に関わることとなった。まさに、驚異的な出世である。

幕末という激動の時代において、幕府のみならず多くの藩では、実力主義による人材登用がみられた。身分や家格より、状況に柔軟に対応可能な即戦力が必要とされたためである。

大久保は、薩摩藩で藩政改革に取り組んだ後、新政府においても中心人物の一人となる。そして、寡黙ながら妥協を許さない彼の姿は、畏怖の対象になると同時に、批判の的ともなっていく。そのことは、決して理不尽なものとはいえなかった。

金銭欲のない独裁者

かつて、米沢藩の家老を務め、維新後は内務省にも務めた千坂高雅（一八四一〜一九一二）は、大久保についてこう回想する。

清廉潔白であった。自分の金を貯めようの、子孫のために産を残そうのという気はさらになかった。あの点は西郷と似ている。現に紀尾井町の変のあったあと、調べてみると金はタッタ七十五円しかなかった。堂々たる内務卿がお前、今なら一番金の貯まる位地だが、それでいてタッタ七十五円しか金がなかったというのは嘘のようだが本当だ。

——同書

おそらく、大久保が金銭欲のほとんどない人間だったというのは、本当だろう。しかし、だからといって、私欲自体が乏しかったと判断するのは早計である。彼には、巨大な権力欲があったように感じられる。

外遊より帰国した後、大久保は盟友の西郷を失脚させる。いわゆる、明治六年の政変である。征韓論に端を発したこの政争によって、「維新の三傑」の一人が明治政府から姿を消したのだった。これによって、否が応にも大久保の存在感は増すこととなる。

その後、大久保は内政担当の中央官庁である内務省を新設する。更に、彼自身が参議内務卿となり、遂に独裁体制を完成させた。明治新政府は、天皇を中心とする集権国家の建設を目指したが、実質、この時点において国内政治を動かす最高権力者は、大久保となったのである。

彼本人としては、「権力欲」という私的な欲望に基づいて内務省を作り、参議内務卿に就いたとは考えていなかったことだろう。それでは、なぜ彼は権力を必要としたのか。それは、岩倉使節団に同行した結果、日本を一気に変革する必要があると悟ったからである。そのためには、彼自身が「日本のビスマルク」とならなくてはならなかった。

欧米列強と並ぶため、今すぐ必要なこととは何か。徹底した「富国強兵」こそが、それに違いない。このように考えた大久保は、最高権力を握って、殖産興業や地租改正、治安向上などを一気呵成(かせい)に進めた。だから彼本人は、自らの欲望ではなく、国のため、公益のために動いたと、心の底から信じていたに違いない。

歴史的にみて、最も厄介な独裁者は、実は大久保のようなタイプである。「公益のために、止むを得ず権力を行使している」と考えている政治家ほど、恐ろしいものはない。

西南戦争のただ中で木戸が病没し、もはやライバルすらいなくなった大久保は、日本の発展のために、献身的に働いた。しかし、彼にはなぜ、そういったことを行う「資格」があったのだろうか。

五箇条の誓文で始まった明治新政府は、今やそれを否定する存在となってしまった。誓文の第一条は、「廣ク會議ヲ興シ萬機公論ニ決スベシ」だったはずである。大久保は、会議を興すこともなく、また公論の形成をすることもなく、たった一人で「正しいこと」を始めている。それは、同時代の人々からみても、許容できないものだった。

前島密が語った不思議な話

石川県士族の島田一郎ら六名は、周到に暗殺計画を練った。まず、大久保が赤坂仮御所に出勤する日は、毎月四と九の付く日であることを調べた。そして、大久保の自宅から赤坂仮御所までの経路で、「道が狭くて人通りの少ない場所」を探した。結果、五月十四日に紀尾井町清水谷（しみずだに）（現・千代田区紀尾井町）で襲撃することを決めたのである。「五箇条の誓文」に沿った国政を目指すどころか、それを正面から否定する振る舞いを行う大久保を、島田たちはこのまま放置しておくことができなかった。彼らは、こう確信していたはずである。刀を振るうのは、自分たちのためではなく、この国の未来のためなのだ、と。一方的な戦によって政権を奪取した新政府の要人に、全く同じ思考回路のテロリストが襲いかかった瞬間だった。

島田は、暗殺決行の数日前、大久保に宛てて予告状を送っている。しかし、大久保はこれを無視した。結果、いつも通りの道を馬車に乗ってやってきた大久保は、いとも簡単に捕まる。箱馬車を引く馬は前脚を斬られ、御者は瞬く間に斬殺された。馬車から引きずり出された大久保は、抵抗する余裕もなく、なます切りにされてしまった。犯人たちは、「公論の敵」を倒したのである。

大久保が内務卿を務めていた時代、部下だった前島密（ひそか）（一八三五〜一九一九）は、後年、この「紀尾井町の変」に関して不思議な話を語っている。

紀尾井町の変のあった三、四日前の晩、何であったか、相談することがあって、大久保公の屋敷へ行った。一緒に晩餐（ばんさん）を食べていたら、「前島さん私は昨夕変な夢を見た。なんでも西郷と言い争って、終（しま）いには格闘したが、私は西郷に追われて高い崖から落ちた。脳をひどく石に打ちつけて脳が砕けてしまった。自分の脳が砕けてピクピク動いているのがアリアリと見えたが、不思議な夢ではありませんか」というような話で、平生（へいぜい）夢のことなどは、一切話されぬ人であったから、不思議に思っていたが、偶然かどうか、二、三日にして紀尾井町の変が起こった。

――同書

自分の行動は、新政府の理念に反したものではないか――おそらく、頭脳明晰な大久保は、無意識ではそのことに気づいていたのだろう。この夢は、彼の不安がそのままストーリー化されたもののように思われてならない。

第四節　戦好きの西郷隆盛から「上野の西郷さん」へ——維新の三傑③

西郷隆盛とは誰か

「維新の三傑」の中のみならず、日本史全体で考えても、西郷隆盛（一八二八〜七七）は最も人気のある人物の一人だろう。しかし同時に、彼ほど実像に迫ることの難しい「偉人」も、少ないように思われる。

現代に生きる我々が西郷という人物を思うとき、その風貌に関しては、お雇い外国人画家のエドアルド・キヨソーネ（一八三二〜九八）による版画と、上野公園の銅像に頼ることが多い。ただし、キヨソーネの版画は想像図であり、銅像は、彼の死から実に二十一年後の明治三十一年（一八九八）に完成されたものである。一枚も写真が残っていない西郷のビジュアルを、両者が正確に再現できているかどうか、きわめて怪しいといわなくてはならない。

曖昧なのは、彼の顔だけではない。現代人が想像する彼の人柄は、豪胆で懐が深く、優しい好人物、といったものだろう。このイメージも、キヨソーネの版画と上野公園の銅像に、大きく影響を受けている。二つ共、なぜか西郷は正装をしていない。上野公園の方に至っては「着流し」姿であり、更には後年、狩猟に従う犬が付け加えられている。「飼い犬と散歩中の商家の旦那」と表現したくなるような、穏健で庶民的、かつユーモラスな佇(たたず)まいである。

だが、史実から浮かび上がる西郷像は、それらとは全く違う。無類の「戦好き」——西郷のキャラクターを表現するには、本人も語っていたこの言葉が最も適切である。

問題の解決を暴力、武力に頼る軍人、それが本当の西郷だった。このことは、慶応三年（一八六七）の終わり、西郷たちが相楽総三ら浪人たちを派遣し、江戸とその近郊の治安を攪乱した件を思い出すだけでも、理解できるところだろう。

図25　錦絵「鹿児島紀聞」部分（明治十年版行、著者所蔵）

意外に知られていない事実だが、西郷が生きていた頃、庶民が彼に抱いていたイメージは、現代のそれとは大いに違う。例えば明治十年（一八七七）に描かれた錦絵「鹿児島(かごしま)紀聞」をみれば、それは明らかである（図25）。ここに描かれた西郷は、立派な髭(ひげ)をたくわえ、馬に乗り、軍服を着ている。キヨソーネの版画とも、上野の銅像とも、まるで違う印象を受けるものだろう。しかし、同年に描かれた数多い錦絵の中の西郷は、そのほとんど全てが「荒々しい髭面の軍人」なのである。これが、同時代を生きた人々にとっての西郷像に間違いない。

それでは、なぜ我々の思い描く西郷は、当時のイメージとは大きく異なるものとなったのだろうか。その答えを知れば、明治政府が行ったイメージ戦略の巧みさに感嘆せずにはいられないだろう。

死に急ぐ『葉隠』的武人

木戸、大久保と同じく、西郷も下級武士の出であり、本来は藩政にすら関われる立場にはなかった。この西郷を取り立てたのが、薩摩藩主の島津斉彬である。なお、斉彬の没後に藩政の実権を握る久光は、既に触れた通り斉彬の異母弟だった。

斉彬によって御庭方役に抜擢された西郷は、忠臣たろうと懸命に働いたという。特に、江戸と京都において、斉彬の希望を叶えようと、当時の一橋慶喜を第十四代将軍に擁立するため全力を尽くした。ところがこの仕事は、斉彬の急死と、反対派として登場した彦根藩主の井伊直弼によって、失敗に終わる。

追い詰められた西郷は、薩摩藩と朝廷との仲介役を務めていた、僧の月照（一八一三～五八）と共に入水する。しかしながら、西郷は奇跡的に助け出され、蘇生を遂げるのである。なお、月照はこのときに死亡した。

その後、安政の大獄から逃れるため、西郷は安政六年（一八五九）に奄美大島に渡る。

これは、藩公認による逃亡だった。彼が薩摩に戻るのは、文久二年（一八六二）のことである。

西郷は、奄美大島から戻った後も、斉彬の遺志を継いで公武合体を進める久光の下で働くが、久光に批判的であり続けたために、今度は島流しとなった。罪人としての遠島である。これによって強いられた、徳之島（とくのしま）、そして沖永良部島（おきのえらぶじま）での厳しい生活は、彼の精神を一層鍛え上げたと伝えられる。

大久保らの請願により、元治元年（一八六四）に赦免されて呼び戻された西郷は、薩摩藩の中心的存在として幕末の政局で活躍する。軍賦役（ぐんふえき）、小納戸頭取となり上京した彼は、薩長盟約を結ぶことに成功して倒幕派のリーダーとなった。戊辰戦争においては、東征大総督府参謀に就任し、江戸城開城を実現した。後に、「維新の三傑」と呼ばれることとなるのは、彼の実績を考えれば、全く不思議はない。

下級の藩士から成り上がって、薩摩藩の中心的存在となり、倒幕の立役者になった西郷だが、実際のキャラクターはどうにも判然としない。それは、彼自身が思想を言葉として書き残していないからでもあるが、実際に出会った人々が、実に曖昧な印象を記していることも原因である。

例えば、勝海舟に促されて西郷に面会した坂本龍馬は、このようなことを語ったという。

坂本が薩摩からかへつて来て言ふには、成程(なるほど)西郷といふ奴は、わからぬ奴だ。少しく叩けば少しく響き、大きく叩けば大きく響く。もし馬鹿なら大きな馬鹿で、利口なら大きな利口だらうといつたが、坂本もなか〳〵鑑識のある奴だヨ。

——前掲『氷川清話』

わかるような、わからないような証言である。あえて解釈するならば、凡人とは相当異なる類の人間で、スケールが大きいということになるだろうか。海舟も、西郷を「大胆識(たんしき)と大誠意」の人と表現しているので、相当に度量の広い人物であったことは間違いない。しかし、西郷は決して穏やかな人物ではなかった。もし言動から判断するなら、彼は『葉隠(はがくれ)』が教えるような異端の武士道を持つ武人だった、といえそうである。

「武士道とは死ぬことと見つけたり」のフレーズが有名な『葉隠』は、武士道の中でも極めて特異な道徳を記した書である。一貫するのは、「死の美学」であり、死を恐れるのではなく、死に「積極的な意味」を見出すような哲学が、そこでは説かれている。また、一武士として最も心掛けるべきは、「主君への絶対的忠誠」であるとも説く書だった。

西郷は、斉彬に絶対的忠誠を誓っていた。だからこそ、斉彬の急死後に殉死しようと考え、月照を守り切れないと悟ったとき、彼は躊躇うことなく自死へと向かったのである。戊辰戦争の際に、危うい状況が到来したときも、彼が死を恐れる素振りをみせることは、一切なかったという。どのエピソードを切り取ってみても、西郷は『葉隠』的である。

ほぼ間違いなく、西郷は『葉隠』を読んでいなかったと思われる。しかし、同書に記された思想は、口述した元佐賀藩士の山本常朝（つねとも）（一六五九〜一七一九）が勝手に作り出したものではない。長らく武士に伝わってきた道徳の極端な部分を、整理し、まとめただけなのである。だから、西郷の思想と『葉隠』は、「同じルーツ」を持っていると判断するのが適切だろう。

「破壊の専門家」西郷

戦が好きで、死を恐れない人物。文章で書けば英雄的に響くかも知れないが、これは相当に危険な存在である。そして、このような性質の西郷が、新体制の構築に地道に取り組めるかというと、疑問符をつけざるを得ない。

後に伊藤博文は、西郷について興味深いことを話している。

西郷南洲（引用者注：西郷の号）は天稟（てんぴん）の大度（たいど）で、泰山（たいざん）の群峰（ぐんぽう）を抜く趣があった。そうして国を憂うる真情が深かった。（中略）とにかく大人物であったが、むしろ創業の豪傑で、守成（しゅせい）の人ではないようだった。

——小松緑編『伊藤公直話』（千倉書房）

人間的な魅力には溢れていたが、例えば新体制を基礎から組み上げたり、それを守ったりするような作業には、全く適していない。これこそ、最も的を射た西郷評だろう。西郷は、間違いなく「破壊の専門家」である。

『葉隠』的思想を持った、破壊の専門家——この視点を携えると、明治以降の西郷の行動も理解できるように思われる。

明治六年（一八七三）に、彼が自身を使節として朝鮮に送り込むことを願ったのも、膠着状態を「破壊」したかったからだろう。いわゆる征韓論を再検討する際、西郷が平和的交渉を願ったのか、武力での制圧を考えていたのか、論者によって意見が分かれがちである。しかし、西郷の性格からすれば、初めは捨て身で乗り込み、もし交渉が決裂するようなことがあれば、戦争をすればよい、という考えだったに違いない。

この征韓論から四年後、西郷を慕って集結していた不平士族が明治新政府に反旗を翻す。日本最後の内戦、西南戦争（一八七七）の勃発である。そのときの西郷は、自らの意志で立ち上がったというよりも、周囲に促される形でリーダーとなったと伝えられている。

しかし、それでもなお、西南戦争は極めて「西郷的」ではないだろうか。破壊の専門家が、活躍の場を失ってしまっていたところに、不平を持つ士族が集まり、破壊の対象を指し示したのである。これで西郷が動かないのは、不思議なぐらいだろう。

このときの西郷軍には、旧庄内藩の兵士も加わっていた。戊辰戦争時、奥羽越列藩同盟の中心的存在の一つとして新政府軍を苦しめた、あの庄内藩である。戊辰戦争で降伏した後、庄内藩には謹慎処分と罰金の支払いが命じられたのみで、藩主の家名相続まで認められた。すでに触れたように、この「寛大な処置」は西郷によるものといわれ、これに感激した庄内藩は、以降、西郷と親交を深めていたのだった。

西郷の思想を伝える唯一の書、『南洲翁遺訓』（一八九〇）は、彼の下に留学していた庄内藩士たちがまとめたものである。敵味方に分かれて戦った西郷と庄内藩が、戦後に和解し、西郷を師とまで仰いだという逸話は、西郷の伝説化に一役買っている。

「賊軍の将」となった西郷

考えてみると、西南戦争は相当に大胆な戦である。

このことは、戊辰戦争を思い出してみればわかる。慶喜は、天皇側である新政府軍に楯突いたという理由で、「朝敵」と認定されて殺されかけたのだった。桑名藩も会津藩も、「朝敵」だから叩き潰すという理屈だった。天皇に逆らったのだから、どれほど酷い目に遭わせても問題はない。錦の御旗を掲げた新政府軍は、そう主張して東征したのだった。

ところで、西南戦争はどうだろう。明治新政府も正式に発足し、少しずつ形を成してきた時期に、この戦争は起こっている。当然、天皇は新政府側である。いや、正確には、天皇が新政府のトップなのだ。その新政府に武力で対抗しようとするなど、思い上がりも甚だしい。そう思われて当然だろう。慶喜より遥かに、罪が重くなって当然である。そして、天皇の軍に攻撃を加えたとのことで、旧幕府軍を追っていた東征大総督府参謀の西郷が、今度は自分から、天皇を擁する新政府に戦争を仕掛けたということを、どう理解すればよいのだろうか。答えとして導かれるのは、一つだけである。西郷はやはり、戊辰戦争で天皇の威光を利用しただけなのである。新政府軍は、勤王というお題目を利用して、自らの権力欲を隠蔽していたに過ぎない。

明治十年（一八七七）九月二十四日、自軍の敗戦が決定的と悟った西郷は、鹿児島城山（現・鹿児島県鹿児島市城山町）で自刃する。この行動自体は、実に自然なことだろう。適当な選択肢がなくなったら、自分から命を捨てるのが、『葉隠』の考え方だからである。『葉隠』と似た思想的ルーツを持つと推測できる西郷は、自身の名誉を守るために死へと向かったに違いない。

西南戦争の後、これ以上ない「朝敵」となった西郷は、当然ながら官位を剝奪された。名実共に、賊軍の将となったのである。しかし、不思議な噂がいくつか駆け巡り始めた。それは例えば、「西郷はまだ生きており、外国に逃げただけ」というものである。「西郷の首が発見されていない」という情報によって、生まれた噂だった。

また、このような話も広がった。それは、毎晩深夜二時頃、南東の方角に赤々と燃えるような星が現れ、それを望遠鏡でみると「陸軍大将の官服を着た西郷」が確認できるという、突拍子もないものだった（西郷星）。大阪が発信源とされるこの情報は、瞬く間に全国に広がった。

このような話が生まれ、それが広がったことを、どう理解すればよいのだろうか。おそらく、西郷を英雄視する庶民が多くいた、ということなのだろう。正確には、彼らは新政府に不満を感じていて、その新政府と戦ったからこそ、西郷を応援していた。「敵の敵は味方」という論理である。この時期、地租改正によって、庶民の多くが政府に強い不満を持っており、そのことが西郷人気を後押ししていたようにも思われる。

人畜無害な「上野の西郷さん」へ

その後も、西郷の人気は長く続いた。政府からすれば、自らに歯向かった人物が好まれているというのは、由々しき事態である。この問題を解決するために採られる安易な方法は、「西郷について書いたり喋（しゃべ）ったりした者には、罰を与える」というものだろう。しかし、そのような方策は往々にして失敗する。逆に、西郷の人気を高めてしまうという結果を招くはずである。

政府は、これに対処するために驚くべきことを行った。明治二十二年（一八八九）、大日本帝国憲法発布に伴う大赦で、西郷の賊名を除いたばかりか、正三位（しょうさんみ）まで追贈したのである。これは一体、どういうことなのだろうか。

西郷を批難するのではなく、彼は自分たちの仲間だと公認すること。それが、政府の採った方法だった。そうすることによって、確かに「反政府のカリスマ」としての西郷は、時間の経過と共に消滅する。喩えれば、殴りつけるのではなく、抱き締めることで相手を無力化させるという、見事な戦略である。

そして、同時期に西郷の銅像を作る話が持ち上がる。普通に考えれば、それは西郷が公の場で着ていた「軍服姿の銅像」となるのが自然である。しかし、軍服姿とすることには、反対が提出される。そこで、銅像としては異様とするしかない「着流し」姿となった。また、当時どの錦絵にも描かれていた彼の豊かな髭は、銅像になる段階で、綺麗に剃り上げられてしまった。

このイメージ戦略は、大成功に終わる。西郷は、勇ましい武人としての要素を完全に削り取られ、暢気に犬を散歩させる商家の旦那然となった。かくして、「反政府のカリスマ」西郷隆盛は、人畜無害な「上野の西郷さん」に生まれ変わったのである。

自身の名誉を第一に考え続けた本人からすれば、無視されるより、罰せられるより、遥かに辛い仕打ちだろう。

第五節 「近代＝明治」というイメージを完成させた伊藤博文

戊辰戦争の「大義」

もし、凄惨を極めた戊辰戦争に説得力のある「大義」があるとすれば、それは徳川家の「専制」を廃し、「公議輿論」を政治の基本とすることに求められるだろう。すなわち、世襲の君主ではなく、家柄を問わずに賢才を集め、彼らの議論によって国を動かしていくという新体制の確立のため、戦争が必要だったという理屈である。

しかし、発足した新政府において確認できたものは、薩長という雄藩出身者によって権力が独占されている事態だった。移行期だから、というのは理由にならない。徴士や貢士らによる「議事所」を、国権の最高機関に発展させるなど、現実的に可能と考えられる方法は十分に存在した。

繰り返すまでもなく、倒幕派の本当の思いは、「自分たちが政権を取りたかった」という単純なものである。その究極の姿が、参議内務卿となった大久保利通による独裁だった。彼が暗殺されたのは、論理的には当然である。専制を倒すために暴力を用いた者が、専制を理由に暴力によって倒されただけだからである。

真に「公議輿論」を政治の軸に据えるなら、選挙によって選ばれた政治家たちが、平等に議論する場を創設する必要がある。つまり、議会政治の確立が不可欠となる。

テロリストとしての伊藤

日本で内閣制度が導入されたのは、明治十八年（一八八五）のことである。新政府においては、それまで太政官を国政の最高機関とした「太政官制」を敷いていたが、近代的な政治体制に相応しくないとして廃され、その代わりに登場したものだった。なお、国会が開設されるのは、更に四年後の明治二十二年（一八八九）である。

この内閣制導入によって、ある人物が初代内閣総理大臣に就任した。もはやいうまでもない、伊藤博文（一八四一〜一九〇九）その人である。

彼の生家は元々農家だったが、彼の父が中間(ちゅうげん)の養子となったことで、下級藩士の身分を得た。そのような境遇の伊藤が、一国の首相にまでなったことは、驚きに値する。彼に特権があったとすれば、長州藩に生まれたことだが、明治政府には数え切れないほど旧長州藩士が出仕しており、その中で成り上がったことは彼の政治家としての力量の高さを証明するものだろう。

伊藤の能力のルーツは、木戸孝允らと同じく、松下村塾に求められる。若くして没したといえ、稀代の思想家である吉田松陰の思いは、門弟たちに見事引き継がれ、日本の歴史を変える力となった。もちろん、そのことの評価については、また別の問題となる。

伊藤は松陰の攘夷論について、後にこのようなことを語っている。

当時の攘夷論は全く精神から出たので、攻略から出たものではなかった。その頃、攻略的のことをやると、精神がないとかなんとかいって、それこそ斬られてしまう。

――前掲『伊藤公直話』

松陰流の攘夷論は飽くまで机上の思想でしかなく、政治的な実践に結び付く類のものではなかった、ということだろう。いわば、一つの「理想論」ということである。

しかしながら、当時の伊藤（図26）は、実際に攘夷論に基づくテロを実行している。文久二年（一八六二）、品川御殿山（ごてんやま）（現・東京都品川区北品川御殿山）に建設中だったイギリス公使館が焼き討ちされた事件である。このときの経験を、伊藤は後々まで繰り返し話していたという。

外国使臣（ししん）を迎え入れようという時である。今これを焼き払ったら、さぞかし外人は憤激するであろう。幕府の不面目はいうまでもない。外交は必ず困難を極むる。攘夷派の志士は奮起するに相違ない。如何に頑冥なる幕府でも、ついに攘夷の断行せざるべからざる覚悟をきめるであろうというので、高杉晋作・久坂玄瑞（くさかげんずい）・有吉熊次郎・大和弥八郎・長嶺内蔵太（ながみねくらた）・白井小助・赤禰幹之丞（あかねみきのじょう）・堀真五郎・福原乙之進（おとのしん）・山尾

図26　文久三年の伊藤博文（『伊藤公直話』より）

庸三、それから井上聞多（引用者注：井上馨）と予と、総勢十二人で御殿山の公使館を焼き払った。

――同書

この焼き討ち事件は、協力者だった遊女の話なども含め、まさに武勇伝として語られている。当然、この事件は当時の感覚でも酷い犯罪と捉えられるものであり、法の上でも死罪に値する。それを繰り返し吹聴するという、品性の致命的な欠如は、維新の中心人物の多くに共通しているもののように感じられる。

また、伊藤はこの数日後、同じく長州藩士の山尾庸三（一八三七～一九一七）と共に、国学者の塙忠宝（一八〇八～六三）を斬殺している。塙が「廃帝」、すなわち「強制的に退位させられた過去の天皇」について調べていたから、という理由に基づいたものである。尊王思想に基づく天誅ということだろう。なお実際は、塙は廃帝についての調査などしておらず、これは明らかに事実誤認による殺人だった。

幕末の伊藤は、尊王攘夷の思想の持ち主だったが、欧米列強の文明を軽視していたわけではない。むしろ、積極的に受容し、自国の発展に役立てようと考えていた。松陰の弟子だけあって、彼は開明派のナショナリストでもあった。

伊藤が初めて列強の力を自らの目で確かめたのは、イギリス公使館焼き討ち事件から二年後の、元治元年（一八六四）のことである。藩命でイギリスに留学した彼は、西洋近代の軍事力と経済力に圧倒された。ここで、伊藤の中から、単純な攘夷の思いは消え失せたという。また、明治三年（一八七〇）には、財政幣制調査のために、アメリカに渡っている。そして、英語圏の国に二度も渡ったことで、彼は他に換え難い能力を手に入れた。それは、高度な英語力である。

単線的歴史観の信奉者

新政府に数多くいた長州出身者の中で、伊藤が頭角を現す契機となったのが、明治四年（一八七一）に岩倉使節団の副使として参加したことである。そもそも、この使節団派遣が実現するに当たっては、伊藤の建言が大きく影響を与えたといわれている。

使節団における伊藤の態度や振る舞いは、他の団員からすれば、どうにも鼻につくものだったらしい。高い英語力が、彼に尊大さを与えてしまったのだろうか。実は、もう一段深い理由が、そこにはあったように思われる。それは、西洋文明至上主義とでも表現できるものであり、優れた西洋を知って理解している自分は、そうではない人々より「遥かに先行している」という思い込みである。

彼らの最初の訪問地、サンフランシスコでの歓迎会で、伊藤は英語の演説を行っている。岩倉も他の副使三人も英語ができなかったため、伊藤が代表して話すこととなったのである。「日の丸演説」と呼ばれるもので、その中には次のような言葉がみられる。

> 我国に於ける改良は物質的文明に於て迅速なりと雖も、国民の精神的改良は一層遥かに大なるものあり。我国の最も賢明なる人々は、精密なる調査の結果、この見解に於て相一致す。数千年来専制政治の下に絶対服従せし間、我人民は思想の自由を知らざりき。物質的改良に伴うて、彼等は長歳月の間彼等に許されざりし所の特権あることを諒解するようになれり。
>
> ——瀧井一博編『伊藤博文演説集』（講談社学術文庫）

伊藤の西洋文明に対する評価は、時期によって少しずつ異なる。特に、使節団が帰国した後は、それまで急進的な欧化主義者だった彼が、スタンスを漸進的なものに変更する。しかし、それでもなお、伊藤の中で一切変わっていないものがあった。それは、「単線的歴史観」と呼ぶべきものである。

全ての文明は、同じような歴史を経験する——そのような歴史の単線的な発展を、伊藤は素朴に信じていた。歴史には法則があり、どの国も、現代の歴史区分でいえば、中世を経て近世となり、同じように近代に至る、という思い込みである。例えば、「日の丸演説」の時点で歴史の先頭集団にいたのは、欧米列強ということになる。日本も頑張って、彼らにキャッチアップしなければならない。そのためには、先行者から学ぶ必要がある、という結論となる。

いわゆる「お雇い外国人」の指導の下、日本を欧米列強と同じような国に変えていこうとした背景には、このような歴史観があった。これは、ただ伊藤だけの問題ではない。新政府の要人の多くは、この考え方に概ね賛同していたはずである。

伊藤は先の演説の中で、日本の人々は「数千年来専制政治の下に絶対服従」してきた、と述べていた。そこには、江戸時代とそれ以前が明治の世より本質的に劣っており、古い歴史的段階にあったものだという認識がある。近代化に邁進している明治においては、物質的繁栄と共に、精神面での自由も保障されるだろう、というのである。しかし、時代が進めば進むほど、精神面での自由が大きくなるというのは、とても真実とはいえない。これは、我々がいとも容易に、歴史から学べることである。

図27　晩年の伊藤博文（明治・大正期の絵葉書より）

欧米での外遊中、得意の英語を駆使して活躍した伊藤は、大久保から強い信任を得る。それが、彼のこの後の飛躍に繋がった。実際に、大久保が暗殺された後、伊藤は内務卿に就き、日本の「近代化」を推し進める大任を負うのである。

明治政府の正体

これ以降に伊藤が行った仕事は、

目覚ましいと形容する他ない。

その中でも、ドイツ、オーストリア、イギリスなどで憲法調査を行い、宮内省の官僚だった井上毅（こわし）（一八四四〜九五）らと共に、憲法を起草したことは特筆に値する。「文明国」に相応しい近代法典として完成した大日本帝国憲法は、明治二十二年（一八八九）二月十一日に発布され、翌年十一月二十九日に施行された。

また、伊藤は内閣制度を樹立し、初代内閣総理大臣になることによって、日本史にその名を永遠に残すこととなった（図27）。彼の信奉していた近代的制度が、次々と完成していったのである。その後、日本の政治体制は複雑さを増していく。それは近代的国家としては、自然なことといえるだろう。しかし、歴史を客観的に評価するためには、何度も原点に戻らなくてはならない。

江戸幕府は、なぜ倒されなくてはならなかったのか。その第一の理由は、先に触れたように、徳川家の「専制」だったからである。もちろん、本当に「専制」だったのかは、また別の問題としなくてはならない。少なくとも、新政府はそこを批判し、政治は「公議輿論」によるものでなくてはならないと叫んで、戊辰戦争を引き起こしたのだった。

その明治政府は、西洋から移植した政治制度によって、国の動かし方を抜本的に改善できたのだろうか。それを考える一材料として、明治時代に内閣総理大臣に就任した人々と、彼らの出身地を眺めてみたい（次ページ表）。

驚くほどに、わかりやすい面々である。

表　歴代内閣総理大臣一覧（就任時が明治時代）

	氏名	出身地	在職期間
1	伊藤博文（第一次）	山口	明治十八年十二月二十二日 ～明治二十一年四月三十日
2	黒田清隆	鹿児島	明治二十一年四月三十日 ～明治二十二年十二月二十四日
3	山縣有朋（第一次）	山口	明治二十二年十二月二十四日 ～明治二十四年五月六日
4	松方正義（第一次）	鹿児島	明治二十四年五月六日 ～明治二十五年八月八日
5	伊藤博文（第二次）	山口	明治二十五年八月八日 ～明治二十九年九月十八日
6	松方正義（第二次）	鹿児島	明治二十九年九月十八日 ～明治三十一年一月十二日
7	伊藤博文（第三次）	山口	明治三十一年一月十二日 ～同年六月三十日
8	大隈重信（第一次）	佐賀	明治三十一年六月三十日 ～同年十一月八日
9	山縣有朋（第二次）	山口	明治三十一年十一月八日 ～明治三十三年十月十九日
10	伊藤博文（第四次）	山口	明治三十三年十月十九日 ～明治三十四年六月二日
11	桂太郎（第一次）	山口	明治三十四年六月二日 ～明治三十九年一月七日
12	西園寺公望（第一次）	京都	明治三十九年一月七日 ～明治四十一年七月十四日
13	桂太郎（第二次）	山口	明治四十一年七月十四日 ～明治四十四年八月三十日
14	西園寺公望（第二次）	京都	明治四十四年八月三十日 ～大正元年十二月二十一日

明治時代に首相に就いた人物の出身地は、山口（長州）、鹿児島（薩摩）、佐賀（肥前）、及び京都のみである。新政府が薩長、あるいは薩長土肥の連合体であることを、これ以上雄弁に語る証拠はない（ただし、土佐出身の首相経験者は、明治時代にはいない）。家柄も出身地も考慮せず、賢才を取り立てることを是とした新政府は、それを実現できていたのだろうか。これを眺める限り、発言に行動が伴っていないように思われる。しかし、西園寺公望（一八四九〜一九四〇）は、ただ一人、旧西南雄藩出身ではない。公家の出であり、戊辰戦争で各地を転戦し、大いに功のあった人物である。これによって、明治時代の首相は、全員が戊辰戦争時に新政府側にいた人物だったと判明する。明治政府の藩閥政治がどれほど強烈なものだったか、今に伝えてくれる事実である。

明治も後期に至ると、江戸の面影はほとんど姿を消してしまう。政治体制だけではなく、風景までもが、まるで西洋の国のようになるのである。しかし、「西洋の国のよう」ではあっても、「西洋の国」ではない。日本は疑似西洋国に変わってしまったのだった。

明治四十二年（一九〇九）十月二十六日、伊藤は中国のハルビン駅頭で、三発の銃弾を浴びて倒れた。韓国統監に就いていた彼の背後にあったのは、「日本という文明国」が、「韓国という半文明国」を指導してやらなければならない、とする当時の日本政府の考えである。それはちょうど、幕末の日本にやって来た、列強の使節たちの「傲慢なおせっかい」を思い起こさせるものだった。

第五章　最大の思想的問題「攘夷」の行方

第一節　新政府の「師」玉松操の慨嘆

『弘道館記』にみる尊王攘夷

もはや繰り返す必要もないことだが、幕末において倒幕派の志士たちは、「尊王攘夷」を理念として掲げていた。しかし、そもそも尊王攘夷とは、正確にはどのような思想なのだろうか。

尊王論と攘夷論が結合した尊王攘夷なる語の初出は、『弘道館記』（一八三八）といわれている。これは、天保十二年（一八四一）に水戸藩主徳川斉昭（一八〇〇～六〇）が創設することとなる藩校「弘道館」の、設立目的と教育理念を事前にまとめた文書だった。署名は斉昭だが、起草は藤田東湖（とうこ）（一八〇六～五五）による。原文は漢文なので、重要箇所のみ読み下し文にしたものを引いてみたい。

弘道とは何ぞ。人よく道を弘むるなり。道とは何ぞ。天地の大経にして、生民の須臾も離るべからざるものなり。弘道の館は何のために設けられたるや。恭しく惟みるに、上古、神聖、極を立て統を垂れたまひて、天地位し万物育す。その六合を照臨し、寓内を統御したまひし所以のもの、未だ嘗て斯道に由らずんばあらざるなり。宝祚、これを以て無窮、国体、これを以て尊厳、蒼生、これを以て安寧、蛮夷戎狄、これを以て率服す。しかも聖子神孫、なほ肯へて自から足れりとせず、人に取りて以て善をなすことを楽しみたまふ。すなわち西土、唐虞三代の治教のごときは、資りて以て皇猷を賛けたまへり。ここに於て、斯道いよいよ大に、いよいよ明らかにして、また尚ふるなし。中世以降、異端邪説、民を誣ひ世を惑し、俗儒曲学、此を舎てて彼に従ひ、皇化陵夷し、禍乱相踵ぎ、大道の世に明らかならざるや、蓋しまた久し。我が東照宮、撥乱反正、尊皇攘夷、允に武、允に文、以て太平の基を開き、吾が祖威公（引用者注：徳川頼房の諡号）、実に封を東土に受け、夙に日本武尊命の為人を慕ひ、神道を尊び、武備を繕む。義公（引用者注：徳川光圀の諡号）、継述し、嘗て感を夷斉に発し、さらに儒教を崇び、倫を明らかにし、名を正し、以て国家に藩屏たり。

――今井宇三郎・瀬谷義彦・尾藤正英編『日本思想大系五十三　水戸学』（岩波書店）

『弘道館記』は、まさに後期水戸学の神髄を伝えるものである。ここには、弘道館は正しい道（皇道）を広める藩校であること、古代（神代）においては正しい道によって国が適切に治められていたこと、中世には道に反した外来思想が流入して国が荒れたこと、徳川家康（東照宮）が尊王攘夷によって正しい道を取り戻して泰平を実現したこと、などが記されている。引用箇所の最後には、水戸藩の藩祖である徳川頼房（一六〇三〜六一）、そして徳川光圀（一六二八〜一七〇一）がこの正しい道を継承し、皇室の「藩屏」、すなわち防備の垣根となったということが強調されている。

ここから考えれば、尊王とは正しい道、すなわち神代からの皇道によって国を治めるために必要な精神のあり様ということになる。また攘夷とは、皇道を歪ませるような外来思想を排除するために必要不可欠なものとなるだろう。水戸学において、尊王と攘夷が相即不離である理由は、そこに求められる。

『弘道館記』の引用の中で、もう一つ重要となるのは、「上古、神聖、極を立て統を垂れたまひて、天地位し万物育す。その六合を照臨し、寓内を統御したまひし所以のもの、未だ嘗て斯道に由らずんばあらざるなり」の箇所である。これはすなわち、古代の皇道が「六合＝宇宙」を照らして君臨し、「寓内＝世界」を統御していたという主張である。実際には、天皇の統べる古代日本が世界を治めていたわけではないが、これは価値的、あるいは精神的優越性を表すものといえるだろう。いわゆる中華思想である。

中華思想は、自国こそが世界の中央にあり、文化的にも最先端であると信じるもので、中国の漢民族によって創出されたものだった。水戸学は、この思考の型をそのまま日本に持ち込んでおり、日本こそが真の中華であると主張するのである。よって、攘夷には、先に挙げた皇道を害するものを撃退するという実利的理由とともに、神国たる日本に穢れた外国勢力が踏み込むことを阻止したいという、感性的理由も存すると理解できる。

そう、水戸学は学問というより宗教であり、理性ではなく感性にこそ訴えかけるものだった。自らの属する国とその真の君主（天皇）に神性を認めることによって、自らも神国の民であるという、「救済の感覚」を与えるものだったのである。幕末の非上流階級の若者たちに、水戸学が熱狂的に受容された最大の理由は、ここに求められる。

なお、『弘道館記』の本文は、次のように締められている。これも読み下し分で引用しよう。

斯の館を設けて、以てその治教を統ぶる者は誰ぞ。権中納言従三位源朝臣齊昭なり。

――同書

直訳すれば、こうなる。「この館を設けて、それによって教育を統率するものは誰か。権中納言従三位源朝臣斉昭である」。文章を書いたのは東湖だが、内容から考えても、この箇所は徳川斉昭本人によるものか、彼の許可を得て入れ込んだものだろう。

見落とされがちだが、これは水戸学にとってきわめて重要な二文である。それらは、斉昭が自己顕示欲にかられて記したものでは、決してない。他の誰でもなく、斉昭が正しい道を広めるための教育施設を作る――このような覚悟を伝えるために、記されたのである。この徹底した主体性も、水戸学を貫くものだった。だからこそ幕末の倒幕派は、命の危険を顧みず、積極的に動くことを選択したのである。

薩長は攘夷を捨てたのか

最終的に倒幕派の中心となった薩摩藩、長州藩は、それぞれ欧米列強との軍事的衝突を経験している。薩英(さつえい)戦争（一八六三）と馬関(ばかん)戦争（一八六四・四国艦隊下関砲撃事件）である。これらによって、両藩は単純な攘夷が現実的に不可能であることを理解した、とされる。例えば、『詳説日本史（改訂版）』は、薩摩藩について次のように記す。

> すでに薩摩藩は1863（文久3）年に、生麦事件の報復のため鹿児島湾に侵入してきたイギリス軍艦の砲火を浴びており（薩英戦争）、攘夷の不可能なことは明らかになった。
>
> ――「第9章　近代国家の成立」、前掲『詳説日本史（改訂版）』

同様に、長州藩について該当する箇所も引いておこう。

> 高杉晋作・桂小五郎（木戸孝允）らの長州藩尊攘派も、下関で四国艦隊に惨敗し、ついに攘夷の不可能を悟った。

――同書・同章

教科書の説明に従えば、薩長両藩は、政権を奪取する以前に攘夷を捨て去ったということになる。しかし、これはそれほど簡単に判断できる話ではない。すでに確認した通り、水戸学から生まれた尊王攘夷は、尊王と攘夷を本質的に分割不能とするものだった。よって理屈で考えれば、攘夷を放棄すれば、尊王すらも消え去ることとなる。

歴史的事実を確認すれば、薩長が攘夷を捨て去っていたというのは、正しい説明とはいえないとわかる。戊辰戦争に至るまでの期間、少なくとも「表面的」には、新政府は攘夷の姿勢を全く変えていないからである。しかし、慶応四年の一月半ば辺りから、少しずつ攘夷思想は減退、あるいは変容していく。このことは、新政府が政権奪取するに当たって「陰」で大活躍した学者を通して、知ることができるだろう。その人物とは、玉松操（一八一〇〜七二）のことである。

彼のことは、すでに第二章で一度取り上げた。岩倉具視（一八二五〜八三）の側近となり、錦の御旗の図案を、勅命も受けずに作った人物である。それのみならず、慶応三年十月十四日（一八六七年十一月九日）の討幕の密勅も、同年十二月九日（一八六八年一月三日）の王政復古の大号令も、彼なしでは発せられることはなかった。

歴史学者の田中惣五郎（一八九四〜一九六一）は、玉松の業績について次のように整理している。

當時の新政府への設計図は、多くは欧米的なものか準欧米的なものが多く、それが新時代的コースとしての常道であつたゞけに、岩倉・玉松の線の活躍が乏しかつたとした場合、明治新政府はもつと変わつたものに確立されたのではなからうか。これは臆断ではあるが、或ひは雄藩的なものがもつと前面に進出して来て、外形的には全国的な民主々義的な面貌を呈しつゝも、事実は確然として雄藩連盟の域を脱せず、それだけに摩擦も反抗もあれ以上に激化し、明治二年の混沌時代から逆に現状維持的な勢力へ引き戻される危険は、必ずしも無かつたとはいへず、まして版籍奉還も、廃藩置県も遅れ、形も変わつたものになつたのではないかと思はれるのである。

——田中惣五郎『明治維新運動人物考』（東洋書館）

田中の理解が正しければ、岩倉と玉松の存在がなければ、我々の知る明治新政府の体制自体がなかった、ということになる。岩倉具視は、玉松を「先生」と呼ぶほどに信頼しており、彼の尊王攘夷思想に関する学問的知識も、その多くが玉松から授けられたものだった。

新政府の「師」玉松操

幕末維新を扱った書の多くに、玉松の名はない。果たした役割の大きさに比べ、低い知名度に甘んじている彼は、一体どういう人生を歩んだ人物だったのだろうか。

文化七年（一八一〇）に、玉松は京都に生まれた。本姓は「山本」、諱は「真弘」。父親の山本公弘（一七九〇〜一八二〇）は、西園寺家の末流である山本家の侍従を務めていた。幼少時に無量寿院（現・京都府京都市上京区寺町通）で得度して僧侶となったが、そこで訴えた寺院内の僧律改革を拒絶されたことで、三十歳のときに還俗している。この辺りのエピソードからも、彼の厳格な性格が窺える。その後、山本毅軒、更には玉松操と名乗るようになった。

仏教から離れた玉松は、国学者の大国隆正（一七九二〜一八七一）に師事する。玉松が思想的に最も影響を受けたのは、明らかにこの大国である。しかし、後述するように、攘夷に関する認識について、玉松は明らかに大国と意見を異にしている。

大国は、石見の津和野藩士の子として、江戸で生まれている。本居宣長（一七三〇〜一八〇一）門下の村田春門（一七六五〜一八三六）に国学を、また昌平坂学問所では古賀精里（一七五〇〜一八一七）に儒学を教授されたのみならず、長崎で洋学にも触れた本格的な学者だった。しかし、大国の芯にあったのは、生涯を通して国学に他ならない。彼の著作『本学挙要』（一八五五）は、天皇を世界の「総帝」とすることを主張するもので、これぞ日本版中華思想の極致ともいえる。

大国によって国学に通じた玉松は、自身でも私塾を開いて弟子を育成した。その彼に運命の出会いが訪れるのが、慶応三年（一八六七）のこと。岩倉具視に知遇を得たのである。一学者であった玉松の「知」は、この後、岩倉という政治家によって現実を動かす力となっていく。

歴史的クーデターである王政復古の大号令の詔勅文も、玉松の筆によるものだった。岩倉はもちろん、西郷や大久保、木戸にもとても書けそうにない文章だが、これが学的鍛錬を積んだ玉松によるものと知れば、納得ができる。前文のみ、次に引いてみたい。

> 徳川内府、従前御委任ノ大政返上、将軍職辞退ノ両条、今般断然聞シメサレ候、抑癸丑以来未曾有之国難、先帝頻年宸襟ヲ悩マセラレ候御次第、衆庶ノ知ル所ニ候、之ニ依リ叡慮ヲ決セラレ、王政復古、国威挽回ノ御基立テサセラレ候間、自今、摂関、幕府等廃絶、即今先ヅ仮ニ総裁、議定、参与ノ三職ヲ置カレ、万機行ハセラルベシ、諸事神武創業ノ始メニ原ヅキ、縉紳、武弁、堂上、地下ノ別ナク、至当ノ公議ヲ竭シ、天下ト休戚ヲ同ジク遊バサルベキ叡慮ニ付キ、各勉励、旧来驕惰ノ汚習ヲ洗ヒ、尽忠報国之誠ヲ以テ奉公致スベク候事。
>
> ――『復古記（第一冊）』（東京大学出版会）

玉松の文は、簡にして要を得たもので、王政復古が何を目指したものか明確に理解できる。ここで書かれているのは、大政奉還の承認、摂関と幕府の廃絶、そして「総裁・議定・参与」の三職の設置だが、それを「諸事神武創業ノ始メニ原ヅキ」、つまり「神武天皇がこの国を開いた始原に基づき」と表現する辺り、国学に通じた玉松ならではのものを感じさせる。

「神武創業」とは、『日本書紀』に記された「神武天皇による建国の詔（みことのり）」を指す。『弘道館記』においても、古代を正しい道によって治められた一種の理想として描いていたが、これとまったく同じ発想である。

この玉松の思想は、最高純度の尊王攘夷であり、明らかに水戸学と同質のものだった。彼は、神武創業に戻ること、すなわち「復古」こそが、日本が正しい「国体」を取り戻すものであると、深く信じていたのである。ただし、彼の尊王は、「現実の天皇」への敬意というより、抽象化された「観念としての天皇」へのそれであり、より正確には「皇道への信奉」と呼べるものだった。

そのことが明らかになるのが、鳥羽・伏見の戦いの際に新政府軍に持たせた、錦の御旗の一件である。これは、玉松が大江匡房（おおえのまさふさ）の『皇旗考』に基づいて図案化したものだったが、もし、明治天皇への真の敬意があれば、勅許なく密造することを躊躇ったはずである。しかし、これも「最終的に皇道を取り戻すための密造」だったと捉えれば、理屈の上では整理がつくともいえるだろう。

開国和親に向かう新政府

玉松が、岩倉と新政府のブレーンとなったのは、彼らが政権を奪取することによって、尊王攘夷が貫徹されると信じていたからに他ならない。王政復古の大号令にある「癸丑以来未曾有之国難」とは、「嘉永六年（一八五三）のペリー来航以降の国難」という意であり、このことからも、玉松が外国勢力を常に意識していたことがわかる。

対外関係に関しては、慶応四年（一八六八）一月十五日、新政府から早くも布告が発せられた。

大勢ヲ察シ、世変ニ従ヒ、新ニ外国ト和親ヲ結フヲ布告ス。

外国之儀ハ、先帝多年之宸憂ニ被為在候処、幕府従来之失錯ニ依リ、因循今日ニ至リ候折柄、世態大ニ一変シ、大勢誠ニ不被為得止、此度朝議之上、断然和親条約被為取結候、就テハ上下一致、疑惑ヲ不生、大ニ兵備ヲ充実シ、国威ヲ海外万国ニ光輝セシメ、祖宗先帝之神霊ニ対答可被遊叡慮ニ候間、天下列藩士民ニ至ルマテ、此旨ヲ奉戴シ、心力ヲ尽シ、勉励可有之候事。
但是迄、於幕府取結候条約之中、弊害有之候件々、利害得失公議之上、御改革可被為在候、猶外国交際之儀ハ、宇内之公法ヲ以テ取扱可有之候間、此段相心得可申事。

——同書

いわゆる、「対外和親の布告」である。一見、和親の宣言は攘夷に反するものに思えそうだが、実は必ずしもそうではない。例えば、列強との「和親条約」に関しては、孝明天皇から問題視されることはなかった。困窮した外国船の乗員に、食料や薪水を「提供」することは、天皇の権威を一切貶めるものではないからである。

しかし、その後に締結された通商条約はそうではない。歴史学者の青山忠正氏は、これを次のように説明する。

> 安政四年（一八五七）に至って具体化してきた「通商条約」には、天皇も公家の大多数も、これを認めようとしなかった。すなわち、通商条約がめざす対等の自由貿易は、華夷の弁を乱し、「国体」を損なうものであった。
>
> ——青山忠正『明治維新を読みなおす』（清文堂出版）

通商条約は、外国との対等の関係に基づくものである。物品の「提供」ではなく「交換」となると、これは神国日本の立ち位置を引き下げることを意味する。よって、攘夷思想からは決して許されないものだった。「対外和親の布告」は、飽くまで和親を宣言するものに他ならず、その意味で玉松にとって、不快ではあっても公式に問題視するようなものではなかったはずである。

ちなみに、布告の中の「此度朝議之上、断然和親条約被為取結候」、つまり「この度、朝議の上できっぱりと和親条約を取り結ばされました」の箇所は、明らかな虚偽である。

この時期に、外国と新たに和親条約を結び直したという事実はない。

玉松は、この翌月の二月三日、内国事務局権判事に任用される。彼に期待された仕事は、官制・儀式・典礼などについての献策だった。彼からしても、適所と思える職場だったはずである。ところが、同月には各国使節が天皇に謁見するという、玉松にとっての「大事件」が起きる。拝謁とはいえ、天皇の目前にまで外国勢力が迫り来ることを、玉松が許容できたはずはない。

彼のみならず、外国使節が天皇に謁見するとの報は、世の尊王攘夷派を大きく刺激した。実際、同月三十日にイギリス公使のハリー・パークス（一八二八〜八五）が、参内途上で襲撃されたのである。犯人の朱雀操（生年不詳〜一八六八）と三枝蓊（一八三五〜六八）は、外国人が御所に足を踏み入れることを止めるため、刀を振るったのだった。

そして、三月十四日には、かの五箇条の誓文が出される。同じ和親の方針を打ち出すものとはいえ、一月の布告に比べると、天皇が自ら誓約するという形式を採った分、天皇親政という国学派の目指すところに近づいたようにもみえる。しかし、どのように検討しても、「外国との交際を重ねて前面に出したこと」は、攘夷の面で後退したものとしか判断できない。加えて、これは天皇に外国使節が謁見して二週間ほどしか経過していない時期である。失望した玉松は、五月に辞官を申し出た。

「玉松の攘夷」の敗北

政治の世界から脱落した玉松だが、まだ気力は衰えていなかった。この後の彼は、自身の専門である学問の世界に居場所を求めていく。

新政府にとっての急務は、何より政治体制の確立だったものの、同時に人材育成にも心を砕く必要があった。教育をないがしろにする体制は、徐々に衰退するのが世の常であり、そのことは新政府の要人には十分に理解されていたからである。

更に、既に述べた通り、彼らは自身の政権が正統なものであることを学問的にも証明し、それを普及させなくてはならなかった。そのため、教育、及び研究施設を一刻も早く設立し、その筋道をつけたかったのである。このようにして、最高学府としての大学校創設が計画された。

玉松は、平田鉄胤(一七九九〜一八八〇)、矢野玄道(一八二三〜八七)と共に、学校掛としてこの計画に加わることとなる。かくして、内国事務局権判事を辞してわずか四ヶ月後の明治元年(一八六八)九月、京都に皇学所が設置された。

これは国学を中心にした学校であり、漢学・洋学を「皇道の輔翼(補佐)」として位置づけていた。飽くまで、中心は国学という主張である。現実の世界で旗色が悪くなってきた華夷秩序を、学問の世界で展開しようとしたのだった。

同時期に漢学中心の漢学所(学習院)も誕生するが、こちらは弘化四年(一八四七)に京都御所内に創立された公家の学校から発展したものである。玉松は当然のように、漢学所を廃止して、それを皇学所に合流させる案を提出したが、受け入れられずに終わっている。

おそらく、玉松は皇学所が大学校に発展することを期待していたのだろう。しかし、彼には明らかな逆風が吹きはじめていた。慶応四年七月十七日、奠都（てんと）が決定され、江戸は東京と改称された。大学校計画も東京に舞台を移すこととなり、皇学所と漢学所は明治二年（一八六九）九月に早くも廃止となるのである。

東京における大学校に関する計画は、旧幕府の三つの学校、すなわち昌平坂学問所、医学所、開成所を復興させることに始まった。新政府は、これらを統合して大学校を創設しようと考えたのである。明治二年（一八六九）六月十五日に発せられた大学校規則には、このような言葉が並ぶ。

> 神典国典ノ要ハ皇道ヲ尊ミ国体ヲ弁スルニアリ乃（すなわ）チ皇国ノ目的学者ノ先務ト謂（い）フヘシ漢土ノ孝悌彝倫（こうていいりん）ノ教治国平天下ノ道西洋ノ格物窮理（かくぶつきゅうり）開化日新ノ学亦（また）皆斯道ノ在ル処学校ノ宜シク講究採択スヘキ所ナリ
>
> ——文部省編『学制百年史』（帝国地方行政学会）

これを読んだ玉松は、愕然としたに違いない。明らかに、国学の中華性が薄まり、漢学、洋学と対等に近いように記されていたからである。当該規則には、洋学について次のような説明まで加えられていた。

外国ト雖トモ其長スル所ハ亦皆採テ以我国ノ有トスルコト勿論而巳

——同書

直訳すれば、「外国の学問といえども、その長ずるところはすべて採用して、我が国に資するものとするのは当然のことである」となるだろう。もはや、学問にその出自は問わず、「実際に役立つかどうか」だけを、研究及び教育で用いる際の基準にすることを主張しているのである。極めて合理的な判断といえる。

しかし、玉松の失望は想像を絶するものだった。まず政治の世界で居場所を失い、今度は学問の世界でも同じことが起きたのである。しかも、江戸を東京、すなわち東の京都と改称するなど、彼にとっては許し難いことだった。そのため、彼はこの後も、東京という呼称を拒絶し続けている。

明治三年（一八七〇）三月二十日、彼は渋々東京に出て、大学中博士兼侍読に就いた。岩倉からすれば、新政府の「師」でありながら、実に気難しい学者をうまく黙らせたかったに違いない。その後、玉松は最後の気力を振り絞っていくつかの建言を行うが、岩倉はそれをすべて聞き流した。もはや、玉松の思想は過去の遺物となっていたのである。同年十月二日、玉松は京都に帰っていった。そして翌年、正式に職を辞する。ここにおいて、彼は自身の学問的知識が、新政府成立のために「利用」されたことに気づいたことだろう。玉松が政治的表舞台にあった数年間とは、新政府が「表面上」攘夷を掲げていた期間に他ならない。精も根も尽き果てた彼は、明治五年（一八七二）二月十五日、この世を去った。享年六十三。これ以上、憤死と表現するのが相応しい死はない。

第二節　「討薩檄」が指弾した新政府の攘夷

不可解な対外姿勢

戊辰戦争に関して、版行された瓦版は数限りない。庶民にとって関心のある事柄だったこともあるが、一時的に無法に近い状態となったことで、これまでは禁じられた行為が堂々とできるようになったのも、その理由といえるだろう。

江戸時代、高札に書かれた触を勝手に書き写し、摺物として版行することは許されていなかった。もちろん、それを売ることは絶対にご法度である。しかし、戊辰戦争時には、それに類する瓦版が数多く出現した。ここに掲載した「京朱雀野立札（きょうすざくのたてふだ）」も、その中の一枚である（図28）。作られた時期は、鳥羽・伏見の戦いが終わった直後で、元となる触を出したのは当然ながら新政府である。本瓦版は現存する数も多く、内容から考えて新政府のプロパガンダだった可能性さえ十分にある。

ここには、徳川慶喜と旧幕府の「罪状」などが記されているが、何より二つ目の項目に注目したい。そのまま記してみよう。

萬國ニ冠タル神州之大體ヲ破リ猥ニ外異ト親交シ國ヲ賣君ヲ欺キ神明ノ悪ミヲ受是滅亡ノ二ツ也

前節で、薩長は戊辰戦争に至るまで、少なくとも表面上は攘夷を撤回していないことを述べた。それは、本瓦版に記録された触をみてもわかるところだろう。旧幕府が「みだりに外国と親交して国を売った」と、痛烈に批判しているからである。しかし、親交が問題なのであれば、慶応四年（一八六八）一月十五日の対外和親の布告も、五箇条の誓文も許されない内容を含むものとなってしまう。これを、どのように考えたらよいのだろうか。

このような不可解な攘夷思想について、当時から疑問を呈する人々が存在した。その代表格の一人といえるのが、米沢藩士の雲井龍雄（一八四四～七〇、図29）である。

雲井は天保十五年（一八四四）生まれの米沢藩士である。藩校「興譲館」で学んだ後、慶応元年（一八六五）には江戸で安井息軒（一七九九～一八七六）の門下生となり、朱子学と陽明学を学んだ。彼の思想について、歴史学者の安藤英男（一九二七～九二）は次のように記している。

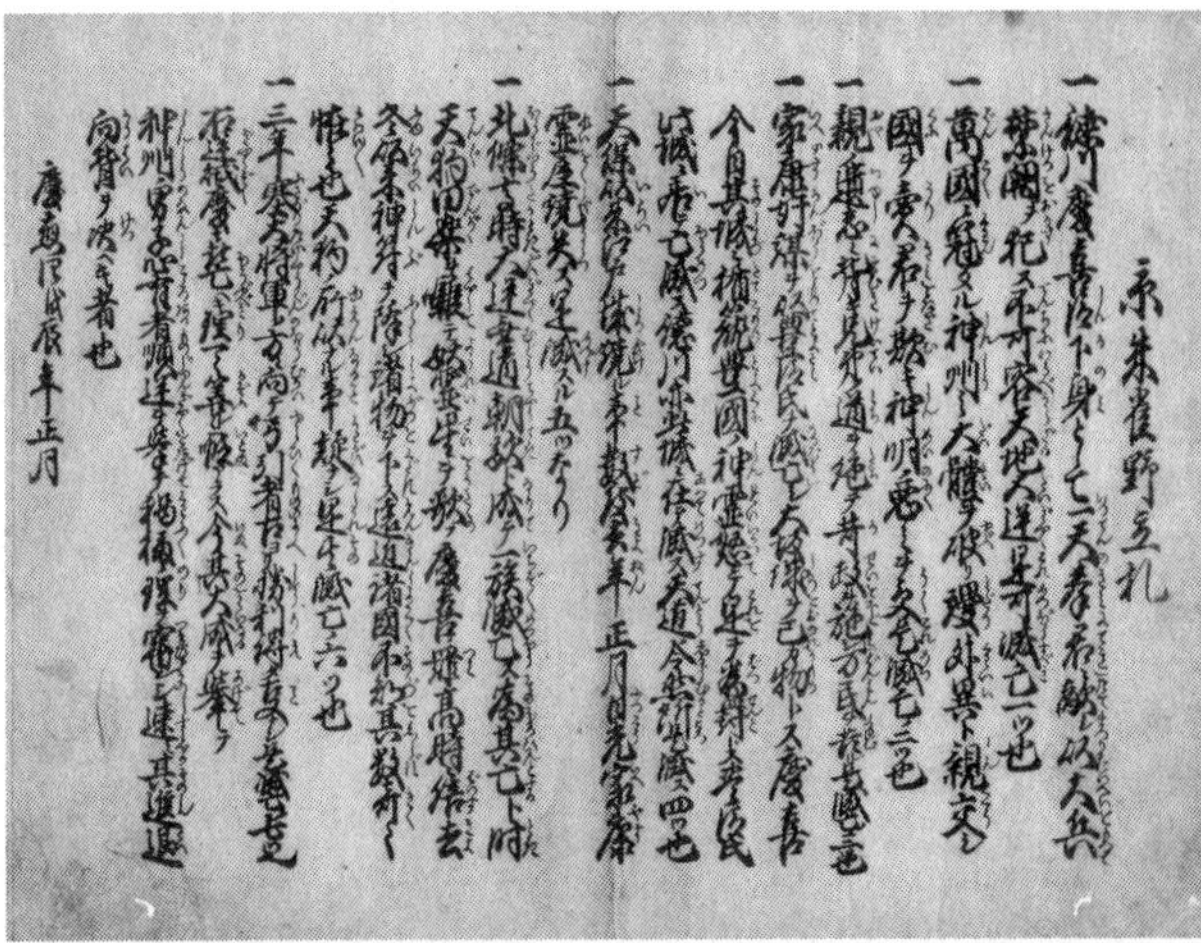

図28　瓦版「京朱雀野立札」（慶応四年版行、著者所蔵）

龍雄の書いたものに、「西洋学の説」「露西亜地誌」「ペートルゼ・ケレト活世之記」などの短文が遺っているが、それらを見ても、当時としては達見というべく、この柔軟な頭脳からは、偏狭な保守思想は窺うことが出来ない。

――安藤英男『雲井龍雄詩傳』（明治書院）

学問的鍛錬も十分に積んだ上、世界の情勢にも通じていた雲井は、慶応四年四月、米沢藩から選ばれて貢士となり、新政府の議事所に出仕する。しかし、そこで新政府の醜悪な実態を知った彼は、五月に京都を発して東に向かう。その理由は、もちろん新政府と戦うためである。

彼が今も名高い「討薩檄」を書いたのは、奥羽越列藩同盟が結成された翌月、六月のことと考えられている。諸藩に配布して、列藩同盟全体の士気を高めることが、その第一の目的だった。そのため、当時の教養ある者が、新政府の姿や振る舞いをどのようにみていたか、これを見事に伝えてくれるものとなっている。

薩賊の転向の早さ

洋学に寛容だったことからわかるように、雲井は当時の攘夷思想とは距離を置いていた。そのためか、薩長の対外姿勢が不安定なことに大きな違和感を持っていたようである。また、公武合体には熱心だったものの、幕藩体制が打倒されるべきものとも考えていなかった。以上を前提として、「討薩檄」を読んでみたい（全て前掲『雲井龍雄詩傳』より引用）。

> 初め、薩賊の幕府と相軋るや、頻に外國と和親開市するを以て其の罪とし、己れは専ら尊王攘夷の説を主張し、遂に之を假りて天眷を僥倖す。天幕の間、之が為に紛紜内訌、列藩動揺、兵乱相踵ぐ。然るに己れ朝政を専断するを得るに及んで、翻然局を變じ、百方外國に諂媚し、遂に英佛の公使をして紫宸に参朝せしむるに至る。先日は、公使の江戸に入るを譏つて幕府の大罪とし、今日は公使の禁闕に上るを悦びで盛典とす。何ぞ夫れ、前後相反するや。是に因て、之を観る。其の十有餘年、尊王攘夷を主

張せし衷情は、唯幕府を傾け、邪謀を済さんと欲するに在ること昭々知るべし。薩賊、多年譎詐萬端、上は天幕を暴蔑し、下は列侯を欺罔し、内は百姓の怨嗟を致し、外は萬國の笑侮を取る。其の罪、何ぞ問はざるを得んや。

薩摩を「薩賊」と呼ぶ辺り、雲井の憤りが相当なものだと窺われる。なお、薩長ではなく、薩摩だけをターゲットにしているのは、薩長間の分断を招き、新政府軍を弱体化する意図もあってのことだった。

先ほどの瓦版「京朱雀野立札」でも、新政府は旧幕府が「みだりに外国と親交して国を売った」と批判していた。

図29　雲井龍雄（『雲井龍雄と釈大俊』より）

しかし、鳥羽・伏見の戦い以降の薩摩（新政府）は、突然姿勢を変えて、列強に媚びを売り始めたばかりか、驚くことに天皇と外国公使との謁見まで実現させた。かつての薩摩は、江戸に公使が立ち入るだけでも問題視していたはずだが、一体どういうことなのか。外国から侮蔑と嘲笑を受け始めた今、彼らの尊王攘夷は倒幕のための便宜に過ぎなかったのだろう。このように、雲井は喝破するのである。

新政府内部にいた玉松も驚いたほどなので、教養ある層の多くは、新政府の列強に対する姿勢が一貫していないことに気づいていたのだろう。先の引用に続けて、「討薩檄」では、薩摩が政権を奪取して以来、次々と国と皇室の慣習を破壊し、綱紀の乱れが著しいものとなっている、といっている。新政府の暴虐がただ物質的な破壊にとどまらず、広く慣習や風俗、精神文化の荒廃を招くものであると、雲井は厳しく批判するのである。

> 伏水の事、元暗昧、私闘と公戦と、孰れが直、孰れが曲とを辨ず可からず、苟も王者の師を興さんと欲せば、須く天下と共に其の公論を定め、罪案已に決して、然る後徐に之を討つべし。然るを、倉卒の際、俄に錦旗を動かし、遂に幕府を朝敵に陥れ、列藩を劫迫して、征東の兵を調發す。是れ、王命を矯めて私怨を報ずる所以の姦謀なり。其の罪、何ぞ問はざるを得んや。

「伏水の事」とは、鳥羽・伏見の戦いのことである。雲井は、旧幕府軍の何が間違っているのか一切議論することもなく、唐突に錦の御旗を立てて「彼らは朝敵だ」と主張し、有無をいわせず征討に出たことを問題視する。そして、彼らは天皇を利用して「私怨」

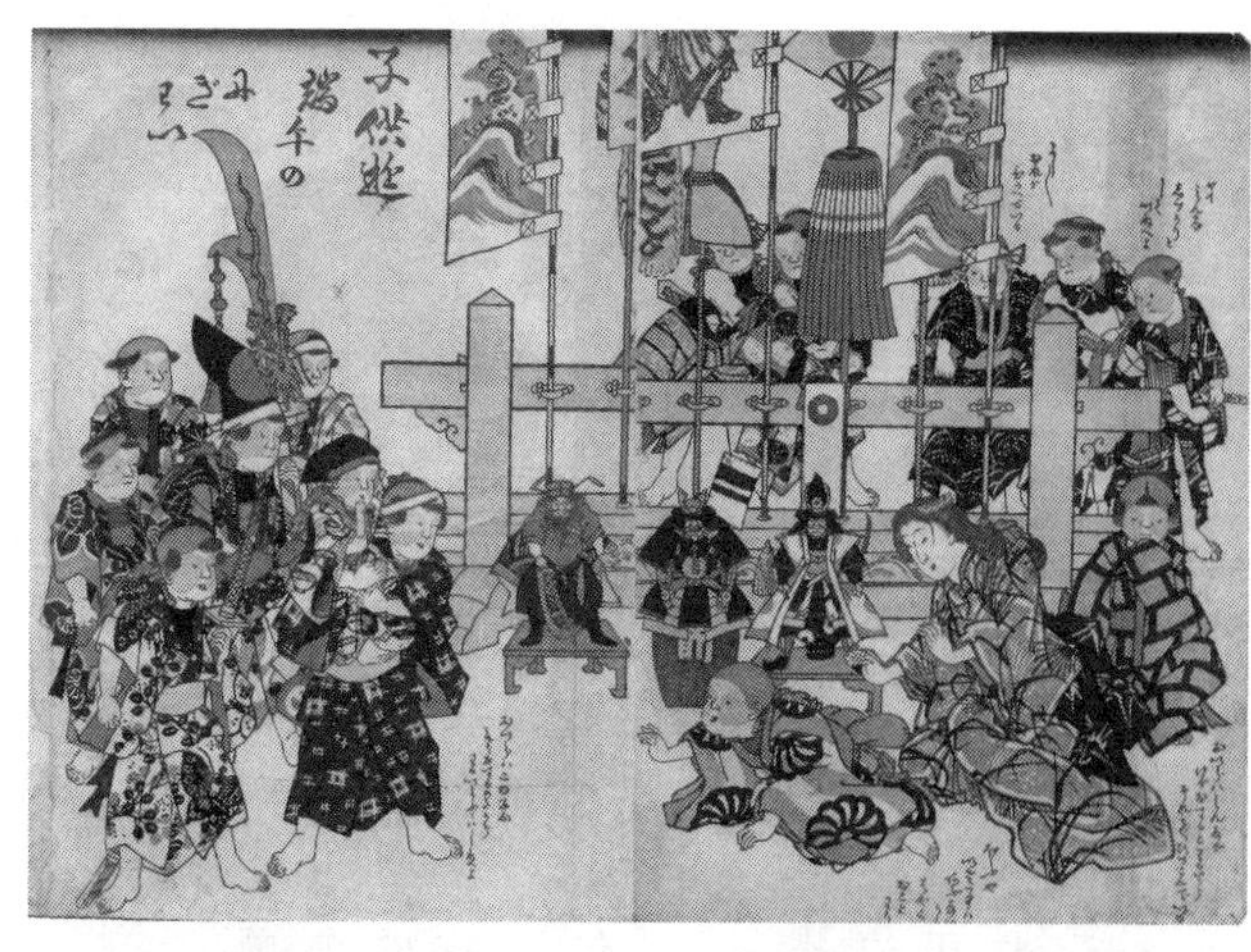

図30　錦絵「子供遊端午のにぎわい」（慶応四年版行、著者所蔵）

を晴らそうとしている、と述べるのである。

慶応四年版行の風刺錦絵でも、これと同じような主張をするものは、数多く存在した。例えば、「子供遊端午のにぎわい」をみてもらいたい（図30）。画面左側の先頭には、「薩摩絣」の着物の薩摩藩が、明治天皇を表す幼児を抱えている。薩摩藩のセリフは、「おいらはこのこお（この子を）もりするのたから（守するのだから）わるいよふ（悪いよう）にはしねへよ」と読める。雲井のような知識人も、多くの庶民も、天皇が明らかに利用されていることは理解していた。

心ある人々の「勇断」を期待する

続けて、「討薩檄」を読み進めていきたい。

井伊・藤堂・榊原・本多等は、徳川氏の勲臣なり。臣をして、其の君を伐たしむ。尾張・越前は徳川の親族なり。族をして其の宗を伐たしむ。因州は前内府の兄なり。兄をして其の弟を伐たしむ。備前は前内府の弟なり。弟をして其の兄を伐たしむ。小笠原佐渡守は壱岐守の父なり、父をして其の子を伐たしむ。猶且つ、強ひて名義を飾りて曰く、普天の下、王土に非ざる莫く、卒土の濱、王臣に非ざる莫しと。嗚呼、薩賊。五倫を滅し三綱を破り、今上陛下の初政をして、保平の板蕩に超しむ。其の罪、何ぞ問はざるを得んや。

戊辰戦争で起きている事態は、かつての家臣にかつての主君を討たせることであり、親族や兄弟どうしを戦わせることで、まさに人倫の壊滅を招いているとの主張である。「保平」とは保元・平治の乱のことで、保元元年（一一五六）と平治元年（一一五九）に京都で起きた両内乱は、上皇や天皇の権力争いに端を発したものだった。この二つの乱を超えるほどの酷い状況が現在起きている。それを招いたのは薩摩であると、雲井は怒りを込めて語るのである。

右の諸件に因って之を観れば、薩賊の為す所、幼帝を劫制して其の邪を済し、以て天下を欺くは莽・操・卓・懿に勝り、貪残厭くこと無し。至る所残暴を極むるは、黄巾・赤眉に過ぎ、天倫を破壊し、舊章を滅絶するは、秦政・宋偃を超ゆ。我が列藩、之を坐視するに忍びず、再三再四京師に上奏して、萬民愁苦、列藩誣冤せらるゝの状を曲陳すと雖も、雲霧擁蔽、遂に天闕に達するに由なし。若し、唾手以て之を誅鋤せずんば、天下何に因つてか、再び青天白日を見ることを得んや。

文中の「莽・操・卓・懿」は、「王莽・曹操・董卓・司馬懿」のことで、他にも『三国志』に登場する評価の芳しくない武将などが記されているが、薩摩の行いは彼らと同じか、それ以下であると批難している。幼い明治天皇を利用して、私利を私欲で追求し、旧来の制度を破壊し、道徳を荒廃させている彼らを、奥羽越列藩同盟は座視して黙認することはできない。このような賊徒を討たずしては、再び青天を仰ぐことなどできないというのである。

最後に、雲井は心ある人々の「勇断」を希求する。

是に於て、敢て成敗利鈍を問はず、奮つて此の義擧を唱ふ。凡そ、四方の諸藩、貫日の忠、回天の誠を同じうする者あらば、庶幾は、我が列藩の逮ばざるを助け、皇國の為に共に誓つて此の賊を屠り、以て既に滅するの五倫を興し、既に斁るゝの三綱を振ひ、上は汚朝を一洗し、下は頽俗を一新し、内は百姓の塗炭を救ひ、外は萬國の笑侮を絶ち、以て列聖在天の霊を慰め奉るべし、若し尚、賊の籠絡中にありて、名分大義を辨ずる能はず、或は首鼠の両端を抱き、或は助姦黨邪の徒あるに於ては、軍に定律あり、敢て赦さず、凡そ天下の諸藩、庶幾は、勇断する所を知るべし。

忠心と誠心を持つ者たちは、列藩同盟に協力し、皇国のために薩賊の討伐に動いて欲しい。薩賊に籠絡されて何が正義かわからなくなった者たちについては、許すことはできない。戦の勝敗などは考えず、義挙に出よ。雲井は、こう呼びかけるのである。先ほどの瓦版「京朱雀野立札」も、最後は「神州の男子は、新政府に従うべきである」という内容だったため、構成はよく似ている。しかし、雲井の奮闘も及ばず、戊辰戦争は新政府軍の圧勝で終わった。

明治二年（一八六九）九月、彼は新政府の集議院議員となった。この集議院は、同年三月に設立された公議所が、七月に改称されたものである。公議所は、各藩から一名ずつ選出された公議人により、政府提出の議案を審議して議決する機関だった。しかし、集議院となってからはただ審議するだけの政府協力機関に堕している。新政府は、そもそも公論によって政治を動かす気など、一切なかったからである。雲井はここを、わずか一月で辞した。

その後、東京で旧幕臣や脱藩浪士の救済を目的として、芝二本榎（現・東京都港区高輪）の上行寺と圓眞寺に帰順部曲点検所を設立するが、政府転覆の嫌疑をかけられて逮捕される。そして、まともな証拠もないまま、明治三年十二月二十八日（一八七一年二月十七日）に処刑された。その後は、小塚原刑場（現・東京都荒川区南千住）で梟首されている。文字通り、彼は「犯罪者」として晒されたのだった。享年二十七。

新政府に逆らう者の末路はこうである――雲井の処刑は、言葉よりはるかに強いメッセージとなったことだろう。頭脳明晰で詩作の才にも恵まれ、抜群の行動力を持つ彼のような批判者は、新政府からすれば厄介極まりない存在だった。

第三節　神戸事件と堺事件――新政府の卑屈な外交

新政府にとって初の外交問題

慶応三年十二月九日（一八六八年一月三日）、王政復古の大号令によって新政府が成立した。よって、これ以降の外交問題については、原則として新政府が対応しなくてはならなくなった。確かに、慶応三年の終わりまでは、旧幕府も国の代表として外国使節と会談を行っていたが、鳥羽・伏見の戦いで慶喜が江戸に逃げ帰って以降については、外国との交渉は専ら新政府が行うこととなった。

何も問題が起きなければ、外国使節と難しい交渉をする必要はない。しかし、この時期は、立て続けに外国人絡みの事件が起きていた。実際に、鳥羽・伏見の戦いが終わってわずか四日後の慶応四年（一八六八）一月十一日、歴史に残る大事件が発生した。いわゆる「神戸事件」である。その概要は、次の通りだった。

慶応四年一月三日、新政府は備前岡山藩（現・岡山県岡山市）に摂津西宮の警備を命じた。これは、佐幕だった尼崎藩（現・兵庫県尼崎市）の牽制のためといわれている。岡山藩は一月四日までに数次に分けて藩兵を出発させるが、その中心となっていたのは、家老の日置帯刀（へきたてわき）（一八二九～一九一八）が率いる約三百四十名の隊だった。

一月十一日、岡山藩兵は西国（さいごく）街道を進み、正午には神戸に到達した。この行列が入ってくると、街の住民たちは当然のように土下座で迎えたものの、多くの外国人たちは立ったままで見物していたという。午後一時過ぎ、神戸の三宮神社（現・兵庫県神戸市中央区三宮町）前に岡山藩兵が差しかかったとき、驚くようなことが起きる。なんと、二人のフランス人水兵が、この行列を横切ろうとしたのである。いわゆる「供割（ともわり）」と呼ばれる行為で、当時は法で固く禁じられていたものだった。藩兵はこれを怒声と身振りで制止しようとしたものの、フランス人のうちの一人が、無理矢理に横断したのである。

岡山藩兵の砲術隊長だった瀧善三郎（たきぜんざぶろう）（一八三七～六八）は、自身の馬から降りて、彼を行列から追い遣るため槍で突いたという。結果、その水兵は背中に軽傷を負った程度で、もう一人に助けられて逃げていく。しかし、事はそれで終わらなかった。彼らは近くの民家に入り、そこから行列に向けて短銃を構えて挑発してきたのである。

これを確認した瀧が、「鉄砲、鉄砲」と叫んだため、岡山藩兵はフランス人たちに向けて銃撃をはじめ、彼らも応戦する事態となった。ただし、岡山藩兵の銃撃は威嚇射撃で、その証拠に彼らの銃弾はすべてフランス人たちの頭上を高く越えていた。

不運だったのは、この事件が起きた場所のすぐ近くに、イギリス公使のハリー・パークスがいたことだった。彼は急いで領事館に向かい、海上に停泊中だった軍艦に信号を送る。指令を受け取った英仏艦隊は、すぐに軍隊を上陸させた。これを目にした岡山藩兵は発砲を中止して、摩耶山麓方面に撤退したという。岡山藩兵の方も、二人が負傷しただけで、死者は一人も出ていない。

しかし、事件はこれで収束しなかった。英仏軍は、この後に神戸中心部を占領した上、海上に停泊していた日本側の蒸気船五隻を抑留し、そこから財貨を奪取するという暴挙に出たのである。加えて、外国公使たちは、今回の行為を外国人に対する敵対行為と捉えて、新政府に対し、首謀者たちへの厳罰を要求した。それが実行されない限り、神戸中心部の占領は解かないという構えだった。

新政府の卑屈に過ぎる対応

外国人による行列の供割というと、文久二年（一八六二）に起きた生麦事件が想起される。結果として、イギリス人一名を殺害し、二名を負傷させたかの事件は、翌年の薩英戦争の原因ともなった。

それに対して、神戸事件では死者も出ていない上、明らかに悪意のあるフランス人水兵が原因となったものだった。しかし、初めて外交問題に直面した新政府は、驚くべきことに、外国公使たちの要求をそのまま飲んだのである。

このとき折衝に当たったのは、当時二十八歳だった伊藤博文である。『伊藤公直話』によれば、そのときの遣り取りは次のようなものだった。

直ぐにパークスのところへ行つた。パークスとは前から心易いから、どういふ譯かと聞くとパークスがいふに、「今まで長州は開國論であつて、誠の朋友だと思つてゐた。備前なども長州の方に傾いてゐると思つてゐたが、今度の始末に付いては、日本人擧げて悉く攘夷論であるものと認めなければならぬ。」と怒りきつてゐる。さうして予の前に書付を澤山重ねて出した。それはみな大名の借財書だ。これをみな拂つて呉れといふ。政府が代つたので、前に商人から鐵砲を買つたり何かした書付がみな公使の許へ出てゐた。それを投げ出したのだ。「まあどうか始末を付けるから。」といふと、「幾ら貴様が威張つてゐても、始末のつけやうがないではないか、幕府を滅ぼして政府が代つたといつたところが、新たな政府の者が挨拶に來るでもなし、未だその事をいつて來ぬのは、實に怪しからぬ。」「よろしい、私が三日の中に始末を付ける。」と、直ぐに大阪へ行つた。

――前掲『伊藤公直話』(改行は引用者が削除)

この箇所には、極めて重要な点が二つも含まれている。一つ目は、パークスが伊藤に「長州は開國論であつて、誠の朋友だと思つてゐた」という件である。繰り返すが、長らく薩長は旧幕府が外国と交わり、対等な貿易を行うことを厳しく批判していた。この時点で、イギリスから「長州は開國論」だと思われていたというのは、大いに常識に反する事実だろう。雲井龍雄が驚き呆れたのも、無理はない。

もう一点は、パークスが伊藤に迫っているのが、これまでに大名名義で購入した兵器の支払いだということである。この督促によって、伊藤はパークスに事件の早期解決を約束しているのだが、それが真実であれば大変なことである。なぜならば、神戸事件を収拾するために、一人の岡山藩士が命を捨てさせられたからである。

事件の全責任を負ったのは、砲術隊長の瀧善三郎だった。彼は、同年二月九日に永福寺（現・兵庫県神戸市兵庫区南仲町）で切腹して果てた。全く違法なことは行わず、フランス人水兵にも必要以上の実力行使をしなかった彼が、罪人とされたのである。享年三十二。国許に妻、それに四歳と二歳の子を遺して、彼はこの世を去った。

新政府は、自身の命令で西宮に向かい、事件に遭遇した彼を、一切守ることがなかった。その理由が、戊辰戦争に際して購入した兵器の代金支払いを猶予してもらうためであったとしたら、瀧も浮かばれないことだろう。経済的理由で切り捨てられたという点では、赤報隊の相楽総三ともきわめてよく似ている。

なお、伊藤はこのときに事件を「解決」したことが評価され、同年五月二十三日に初代兵庫県知事に取り立てられた。

神戸事件から堺事件へ

新政府の対外和親の布告は、神戸事件を受けて、外国使節に向けて出されたものである。これを知ると、世界の大勢を考えた上で単純な攘夷を捨てたのではなく、列強の圧力で和親の布告を出さざるを得なかったのだと理解できる。これで、旧幕府の対外姿勢を弱腰と批判していたのだから、もう呆れるしかない。

しかし、その和親の布告からわずか一ヶ月後、またも大きな外国人絡みの事件が発生する。それは先の神戸事件に比べても、遥かに重大なものだった。結果として、十一名もの外国人が落命したからである。「堺事件」と呼ばれるこの出来事の概要は、次の通りだった。

慶応四年（一八六八）二月十五日午後三時頃、堺に入港したフランス軍艦「デュプレクス号」の乗組員が、二隻の小舟に乗って堺港周辺の測量を行っていた。このとき、堺の守備隊となっていたのは、土佐藩兵である。彼らには、新政府の外交当局から、測量を行う外国人の妨害を行わないよう、指示が出されていた。

夕刻になって、作業を行っていた小舟から水兵二人が上陸する。彼らは市街地の方に向かっていたため、土佐藩兵はすぐさま制止し、彼らを連行しようとした。すると、一人が逃げ出し、とある店先に立ててあった隊旗を奪い取ったという。その後、自らの乗ってきた小舟に逃げ込んだところ、土佐藩兵が一斉に発砲し、結果として十一名の死者と、五名の負傷者を出す大事件となった。

このときの土佐藩兵側の責任者は、六番隊長の箕浦猪之吉（一八四四～六八）だった。彼は、藩校「致道館」でも助教授を務めたほどの儒学者である。なお、一月十一日に起きた神戸事件については、四日後の十五日に彼らにも伝わった。これにより、箕浦は外国人勢力に対して警戒を強めていたという。

この事件は、神戸事件とは全く性質を異にする。外国人絡みの事件であり、類似の出来事とされることが多いが、このときの土佐藩兵の攻撃は、明らかに過剰だった。周辺住民にも自分たちにも命の危険が及んでいなかったにも拘わらず、殺意を持った射撃を行っているからである。

『復古記』には、海底から引き揚げられたフランス人水兵の検死結果が掲載されているが、それを確認しても、激しい殺意のあったことは明白である。遺体の一つなど、頭部と左手二ヶ所に弾が直撃していたという。土佐藩兵は、小舟から海に落ちて、浮き沈みしていたフランス人水兵にまでも容赦ない射撃を喰らわしたと伝えられるが、遺体の状況から考えると、そのような行為があったと想定しても一向に不思議ではない。

攘夷実行者たちへの処分

堺事件は、あらゆる側面から考えて、攘夷事件そのものである。そのため、事件の報告を受けた新政府は、相当に狼狽した。当然だろう、このすぐ後に外国使節たちを御所に迎え入れる予定が入っていたためである。

フランス人たちの遺体引き渡しが終わった後、フランス公使レオン・ロッシュは、各国公使と協議の後、新政府に対して次の要求を行った。

・土佐藩六番隊の隊長以下、実行者を犯行現場で処刑すること。
・土佐藩主から、フランスに賠償金十五万ドルを支払うこと。
・外国事務に対応できる親王が、フランス軍艦に出向いて謝罪すること。
・土佐藩主もまた、フランス軍艦に出向いて謝罪すること。
・土佐藩士が、兵器を携えて開港場に出入りすることを禁じること。

フランス側との交渉は、東久世通禧（一八三三～一九一二）が行っていたが、これに加え、新政府は小松帯刀（一八三五～七〇）と五代友厚（一八三六～八五）をイギリス公使パークスの許に遣わして、調停を依頼している。奇しくも堺事件と同日、東征大総督の有栖川宮熾仁親王が軍を率いて、京都を出発した。新政府に外国と揉め事を起こす余裕など、全くなかったことだろう。

結果としてパークスも調停を拒否したため、賠償金も含め、新政府はフランス側の全ての要求を飲まざるを得なくなった。ただし、発砲を行った二十九名のうち、死刑に該当する二十名については、斬首ではなく切腹となり、新政府は攘夷実行者の尊厳を僅かに守ることには成功している。実行犯の切腹は二月二十三日と決まり、妙国寺（みょうこくじ）（現・大阪府堺市堺区材木町）で行われることとなった。

切腹に立ち会ったフランス軍艦の艦長プティ・トゥアール（一八三二〜九〇）は、そのときの背筋の凍るような様子を、イギリス公使館で書記官を務めていたA・B・ミットフォード（一八三七〜一九一六）に、次のように語ったという。

最初の罪人は力いっぱい短剣で腹を突き刺したので、はらわたがはみ出した。彼はそれを手につかんで掲げ、神の国の聖なる土地を汚した忌むべき外国人に対する憎悪と復讐の歌を歌い始め、その恐ろしい歌は彼が死ぬまで続いた。次の者も彼の例にならい、ぞっとするような場面が続く中を、十一人目の処刑が終わったところで——これは殺されたフランス人の数であったが——フランス人たちは耐え切れなくなって、デュ・プチ・トゥアール艦長が残り九名を助命するように頼んだ。

——A・B・ミットフォード著・長岡祥三訳『英国外交官の見た幕末維新』（講談社学術文庫）

プティ・トゥアールがいう「神の国の聖なる土地を汚した忌むべき外国人に対する憎悪と復讐の歌」は、内容的にも正しいと思われる。実際に、事件後に土佐藩兵司令が新政府に届け出た文書が『復古記（第二冊）』に収録されているが、そこにはフランス人たちが「猥ニ婦女子ヲ恐怖セシメ、社閣ヲ猥ニ穢シ」たため、このまま帰しては「御国辱」であると書かれている。神戸事件の際には、フランス人の供割や先に銃口を向けてきたという事実があったが、堺事件は発砲の原因が余りにも感情的で、同じ思想信条を持つ者以外には共感不可能というしかない。

箕浦たちは、間違いなく攘夷思想に基づいて行動した。そして、新政府は彼らを見捨てたのである。ならば、新政府は、やはり攘夷を完全に捨て去ってしまったということになるのだろうか。

第四節　濫用された大国隆正の「大攘夷」思想

大攘夷と小攘夷

神戸事件を受けて、新政府は慶応四年（一八六八）一月十五日に対外和親の布告を発し、公式にも開国路線を明らかにした。それ以前については、旧幕府への批判をみても、ストレートな攘夷思想を旨としていたと判断するしかない。

ただし、本書でも繰り返し論じてきたように、新政府の中心的人物たちは、開国和親という政策に憤っていたというより、自身が政権の座につくことを第一の目的として、旧幕府の転覆を狙ったのである。つまり、攘夷は政権奪取に際して説得力を持たせるための「弁解」の一つでしかない。

ところが、上記の考えを全て覆すアクロバティックな方法も、一つだけ存在する。それは「大攘夷」である。これを使えば、「新政府は攘夷を捨て去っていなかった」という主張ですら、理屈の上では成立する。しかし、後ほど語るように、大攘夷は必然的に国とその文化を破壊する諸刃の剣である。これは、歴史的な事実を振り返っても、疑いを入れることができない。

この大攘夷を唱えた思想家は、かの大国隆正だった。彼が、失意の内に新政府を去った玉松操の師匠に当たる人物であることは、すでに述べた通りである。

玉松だけではなく、彼の門下には、歴史に残る事件に関わった「狂信的な人物」が多い。例えば、文久三年（一八六三）に京都の三条河原に足利将軍三代の木像の首を晒すという「足利三代木像梟首事件」を起こした師岡正胤（一八二九～九九）や三輪田元綱（一八二八～七九）は、共に大国の弟子だった。

玉松の国学的知識の多くも、大国から与えられたものや影響を受けたものだった。しかし、核心となる攘夷についての考え方は、大いに異なっている。大国の攘夷論は、『新真公法論』（一八六七）で次のように説明されている。

> 攘夷に大小のわかちあり。小攘夷は、軍をむかへてたゝかふ攘夷なり。大攘夷は、たゝかはずして、かれを服従せしむ攘夷なり。乙丑の勅許は、服従せしむべき大攘夷

のはじめとして、よろこぶことになん。小攘夷をのみ攘夷とおもふは、こゝろ狭きことになんある。小攘夷は、勝敗あらかじめ定めがたし。五国とおもひても、加勢をするくにありて、十国、二十国にならんも、しるべからず。廻船の通行をさまたげ、年をかさねて、八方より攻よせられたらんには、日本の必勝、おぼつかなし。大攘夷のかたは、天地の道理をもておしつめ、かれよりいふ公法をくじき、その端をひらきおき、時の至るをまつことなれば、敗をとるべきことあらず、かつときは、大勝を得べきなり。

——大国隆正『新真公法論』、田原嗣郎・関晃・佐伯有清・芳賀登編『日本思想大系五十　平田篤胤・伴信友・大国隆正』(岩波書店)所収

まず、攘夷には「大攘夷」と「小攘夷」の二つがある。一般的に攘夷といわれるのは小攘夷の方で、これは武力を用いて夷狄を屈服させるという考え方を指す。それに対して、大攘夷は戦火を一切交えることなく、夷狄を服従させるものなのだという。小攘夷を採った場合、勝敗は不安定だが、大攘夷の場合は、間違いなく勝利するとも説いている。この大攘夷こそが「まことの攘夷」であると、大国は主張するのである。

なお、上記引用文の「乙丑の勅許」とは、慶応元年(一八六五)十月に安政五ヶ国条約が勅許された件を指す。大国は、これが外国を服従させる大攘夷のはじまりとして、喜ぶことになるだろうといっているのである。通常の尊王攘夷論から考えると、驚くべ

き言明としなくてはならない。

安政五ヶ国条約は、貿易や開港を含む内容から、極めて反攘夷的と考えられている。ところが、大国は、それを大攘夷のはじまりとして、歓迎しているわけである。これだけでも、当時常識的だった考え方と全く違うものとわかる。

大国隆正の大攘夷論

大国の大攘夷は、その背景となる考え方から知らなければ、理解できないものである。まず、彼は国学者だが、洋学についても十分に学んでいた。特に、この大攘夷の思想の創出にあたっては、アメリカの法律家ヘンリー・ホイートン（一七八五〜一八四八）の『国際法原理（*Elements of International Law*）』（一八三六）の影響も大きかった。当該書は、『万国公法』の名の下、中国語訳が慶応二年（一八六六）に刊行されており、大国はこの訳書で「国際法」を知ることとなった。

国際法が存在する理由は、「世界の国々を統べる君主」というものが存在しないことにある。そのため、国際的問題が生じたときは、万国が国際法に従って、解決方法を探らなければならない。大国は、この西洋発祥の考え方に、強く反発するのである。その根拠となるのは、平田篤胤（あつたね）（一七七六〜一八四三）の解釈に従った日本の神話だった。それは、概ね次のようなものである。

日本でアメノミナカヌシノカミと呼ばれている神霊は、西洋で天主、中国では上帝や天帝と呼ばれているものに相当する。また、タカミムスビノカミ、カムムスビノカミは、中国で造物者といわれているものである。その上帝と造物者が、イザナギノミコトとイザナミノミコトに万国を生ませ、その後に日本を生んだ。

万国は、イザナミノミコトの先言（女人先言）によって生まれたため、「下剋上の国」となり、日本は改言の後に生まれたため、「下が上によく従う国」となった。そのため、万国はその王統が定まらないが、日本は神代より皇統が続いているのである。

大国の用いた日本神話とは、このようなものだった。そして、これを踏まえると、日本の天皇が世界を統轄するに相応しい存在であると説くのである。大国の「天皇総帝論」の骨子は、このようなものだった。

これは、日本こそが真の中華であって、下剋上の国たる外国は、全てその下に位置するとの主張にもなる。それでは、貿易に関する条項を含む安政五ヶ国条約については、どのように考えているのだろうか。

今条約のくに〴〵より、あらためて、日本の天皇と、彼国々の国王と同等のものとし、大樹公を臣下の例におとして、交はらんなどといふことあらば、日本国中の人、き、いるべからず。天皇をば至尊としてさしおき、国々の国王と、わが大樹公と、同等の礼をもて交りたまふこと、的当といふべきなり。

——同書

大国は、幕藩体制について一切異議申し立てする者ではなく、むしろ佐幕派だった。その理由は、今の説明で判明する。

外国の元首と日本の天皇が対等に交際するのは、礼を失するものであり、誤っている。天皇は外国人の触れられない至高の存在であって、外国の元首と同等に付き合うべきは、日本の将軍（大樹公）である。そのため、幕府の結んだ通商条約は全く問題がない。将軍が外国と交流し、交易を行うことは、天皇が至高の君主であることを担保するからである。

通常の攘夷、つまり大国のいう小攘夷の信奉者は、外国との通商が日本の中華性を毀損すると恐れている。しかし、大攘夷の考え方からすれば、幕府と外国が通商を行うことは、天皇の地位を確かなものとし、日本が世界最上位の国であることを示すものとなる。この状態を継続するならば、武力を用いることもなく、日本は「万国の総帝国」であると、世界に理解される日が来ることだろう。

以上が、大国の大攘夷論の概要である。これは、「開国派の尊王攘夷」とでもいうべきものだろう。大国の本のタイトルにある「新真公法」なる語は、万国の総帝の統べる日本から起こる「新しい真の公法」の意であり、万国公法に対する強い批判が込められたものだった。

慶応四年の三月四日、大国は徴士として新政府の内国事務局権判事に取り立てられる。同月十二日には、神祇事務局権判事となった。このとき、大国の弟子である福羽美静(一八三一~一九〇七)も、同じく権判事に任命されている。新政府が、大国の国学を体制維持に必要と考えていたことがよくわかる。しかし、このときすでに七十六歳だった大国は、老齢を理由に早くも翌月職を辞している。彼の後任となったのは、平田延胤(一八二八~七二)だった。彼は玉松操と共に皇学所設立に尽力した平田銕胤の長男である。なお、大国は明治三年(一八七〇)に宣教使御用掛に任命されたものの、翌年の四月に逝去した。

この後、福羽が先導する、いわゆる「平田派国学」の一派が、明治国学の神道行政を支配することとなった。思想史学者の田原嗣郎氏は、これを次のように整理する。

> この十年(引用者注:一八六八~七八のこと)こそはそれまで一介の野党にすぎなかった平田派の国学者が、その絶頂にまで登りつめて中央政府のトップ・クラスに進出し祭政一致的政治形態を実現し、かつ新興の国家権力を背景に自らの思想(=大教)を全国民に宣布するという、平田派の全盛時代であった。
>
> ——田原嗣郎「幕末国学思想の一類型——大国隆正についての断面的考察」、『史林(第四十四巻一号)』所収(史学研究会)

なお、廃仏毀釈の端緒となった、悪名高い神仏判然令が神祇事務局から出されたのは、慶応四年三月十七日のことである。これももちろん、平田派国学者たちによって推進されたものだった。

新政府の宗教的中核に平田派国学が据えられたことは、大いに示唆的である。これはつまり、新政府の攘夷政策が、小攘夷から大攘夷に方向転換したことを明確に表すからである。それは、敢えていうならば、「玉松的な攘夷」から「大国的な攘夷」への乗り換えでもあった。

玉松の小攘夷は、倒幕のための口実とされ、政権安定後に間もなく捨て去られた。そして、大国の大攘夷によって、新政府は本質的には一度たりとも攘夷を捨てていないとする主張が、破綻なく成り立つこととなったのである。

大攘夷の淵源（えんげん）が日本の神話にあるというのは、どうにも心許ないという意見もあることだろう。これを、非文明国の妄信と捉える向きさえ、あるはずである。しかし、国の方向性を最終的に決定し、人々の行動を根源的に規定するものは、世界のどのような国であっても、ほぼ全てが「宗教的な何ものか」なのである。これは、過去も現在も変わりがない。

嘉永六年（一八五三）、ペリーが大西洋を渡って日本にやって来たとき、彼を動かしていたものは、アメリカの国益を増大させたいという愛国心ではなかった。最大の駆動力となったのは、「神の意志」に他ならない。いわゆる「マニフェスト・デスティニー」である。これは、日本語に訳せば「明白な運命」となる。一八四〇〜五〇年代のアメリカにおいて、自国の領土拡大とは「神がアメリカ国民に与えた使命」であると考えられていた。この感覚にマニフェスト・デスティニーなる語を与えたのは、ジャーナリストのジョン・オサリヴァン（一八一三〜八五）である。彼は弘化二年（一八四五）、『ザ・ユナイテッド・ステイツ・マガジン・アンド・デモクラティック・レビュー』誌で、初めてこの語を使用した。ただし、マニフェスト・デスティニーと呼称される「感覚」自体は、この語の誕生より遥か昔から存在するものである。アメリカ史を専門とする山岸義夫氏は、これを次のように説明する。

「明白な運命」の観念を宗教的なものとして捉え、その起源を探るならば、それは一八世紀後半よりもさらに遠く遡ることが可能である。事実、この観念の起源は植民地時代の初期、さらに一六、七世紀のイギリスに見出される。コンラッド・チェリーによると、イギリスが活発な植民活動を展開した一七世紀までに、イギリス人は幼少の頃から人類の歴史のコースは神によって定められ、神の贖罪の努力は、イギリス、とりわけイギリスの新教徒に向けられていたと言われる。このような事情から彼らが植民活動に進出した時、植民をありきたりの事業としてではなく、神の恩寵の下にイギリスの文明の影響力を拡大する機会として考えていた。

――山岸義夫『アメリカ膨張主義の展開』（勁草書房）

平田篤胤を経由した『古事記』や『日本書紀』が大攘夷の源流ならば、マルティン・ルター（一四八三～一五四六）やジャン・カルヴァン（一五〇九～六四）を経由した『新約聖書』がマニフェスト・デスティニーのそれだった。どちらもすぐれて宗教的であり、全くに同質である。

だからこそ、ペリーが日本との通商を強く望んだとき、応接掛筆頭の林復斎が、それは倫理的問題とは無縁の経済的利益に基づく話なので、こちらにも拒否権があると反論すると、彼は力なく要求を取り下げたのである。ペリーは、私利私欲ではなく、神の意志によって日本を開国に「善導」するつもりでいたのだった。

大攘夷という他に類のない強力な思想的ツールを得た新政府は、次々と新しい政策を打ち出す。既にみた開国和親、庶民の文化と風俗を「改善」させる違式詿違（かいい）条例、文明開化という名の欧化政策、外国人を国内に自由に居住させる内地雑居、果ては初代文部大臣の森有礼（ありのり）（一八四七～八九）による英語公用語化論まで。もちろん、神戸事件でフランスとイギリスの要求全てを卑屈に受け入れたのも、堺事件で箕浦猪之吉たちを非情に見捨てたのも、全て大攘夷のためと主張可能である。

いつか、天皇が世界の総帝であり、日本が真の中華であることを、万国が理解する日がくるだろう。だからその途上で、人命や風俗、言語、文化、宗教などが破壊されても、それはわずかな犠牲でしかない――薄ら寒さを感じさせる論理を携えて、明治の日本は「近代化」の道を驀進(ばくしん)していった。

おわりに　切断された歴史を繋ぎ直す

エルウィン・フォン・ベルツ（一八四九〜一九一三）は、明治政府の招聘に応じて明治九年（一八七六）にドイツからやって来た。お雇い外国人として、東京医学校（現・東京大学医学部）で教鞭を執り、日本における西洋医学の発展に貢献したことで名高い人物である。

彼の日記には、当時の日本の姿がいきいきと描かれているが、その明治九年十月二十五日の箇所に、次のような記述がある。

ところが——なんと不思議なことには——現代の日本人は自分自身の過去については、もう何も知りたくはないのです。それどころか、教養ある人たちはそれを恥じてさえいます。「いや、何もかもすっかり野蛮なものでした〔言葉そのまま！〕」とわたしに言明したものがあると思うと、またあるものは、わたしが日本の歴史について質問したとき、きっぱりと「われわれには歴史はありません、われわれの歴史は今からやっと始まるのです」と断言しました。

——トク・ベルツ編、菅沼竜太郎訳『ベルツの日記（上）』（岩波文庫）

明治維新という社会変革によって引き起こされた最大の問題は、この日記の中でいい尽くされている。それは、他ならぬ「歴史の断絶」である。成立して間もない明治新政府は、これまでの長い歴史を消し去って、日本を国家の始原的な姿、すなわち「神武創業」に戻そうとした。しかし、その始原的な姿は、神話の中にのみ存在する幻想に過ぎない。

なお、ベルツは先の引用箇所のすぐ後で、このようにも綴っている。

こんな現象はもちろん今日では、昨日の事がらいっさいに対する最も急激な反動からくるのであることはわかりますが、しかし、日々の交際でひどく人の気持を不快にする現象です。

——同書

自国の歴史や文化を軽んじて西洋に擦り寄ることは、決して西洋からの尊敬を受ける振る舞いではない。むしろ、ベルツのように「ひどく人の気持を不快にする」と感じる外国人の方が多いことだろう。しかし、当時の新政府の要人たちは、更地に戻した日本から、輝かしい歴史を再構築できると信じていたのである。

　結果として、明治期の日本は新たな自生的文化を作り上げることができず、魂の抜けたような疑似西洋国家となった。それでも、社会の紐帯（ちゅうたい）をなんとか維持できていたのは、「江戸時代の遺産」、例えば、庶民の中にかの時代の徳育によって養われた共同体の自治意識が残存していたからに違いない。

　このことは、実際に明治を生きた人々にも、感じ取られていたようである。例えば、本書でも名を出した渋沢栄一は、実業界を引退した後に教育や慈善事業に力を注いだが、その時期の彼が繰り返し語ったのは、「歴史の断絶」によって社会から失われた道徳に関する話だった。有名な口述書『論語と算盤』（一九一六）のタイトルにも明らかなように、彼にとって規範とすべき道徳とは、儒学によってもたらされたものに他ならない。

　国際的な舞台で活躍した渋沢が、江戸期の精神を形作った儒学に目を向けたことは、極めて重い事実といえるだろう。彼は徳育の充実を願い、この国が一度捨て去った儒学を復活させることの必要性を説いたのである。

　そして、この「歴史の断絶」という深刻極まる問題は、遠く現代日本にも尾を引いている。だからこそ、我々は理不尽にも断ち切られた、江戸と現在をしっかりと繋ぎ直さなくてはならないと思う。

　本書は、二〇一六年に洋泉社から刊行した『明治維新という幻想』の増補改訂版である。全体に大幅な修正や加筆を施した上で、第五章を書き下ろした。「思想としての攘夷」は、明治維新を語る上で避けることのできないものであり、今回当該章を加えたことで、ようやく「忘れていた宿題」を提出できたように感じている。

この増補改訂版の刊行が叶ったのは、河出書房新社の渡辺和貴さんのご尽力のお陰である。ここで深謝申し上げたい。

本書が、僅かでも歴史に対する問題意識を喚起できるものとなっていれば、これ以上に嬉しいことはない。

二〇二一年三月

森田健司

主要参考文献

《全般：史料》

黒板勝美・国史大系編修会編『新訂増補　国史大系　徳川実紀（正・続　全十五巻）』（吉川弘文館・二〇〇七）
東京大学史料編纂所編『大日本古文書　幕末外国関係文書（全六十巻）』（東京大学出版会・一九八四〜二〇一七）
東京大学史料編纂所編『復古記（復刻版　全十五巻）』（東京大学出版会・一九七四〜七五）
林韑編『通航一覧（全八巻）』（国書刊行会・一九一三）
林韑編、箭内健次編『通航一覧続輯（全五巻）』（清文堂出版・一九六八〜七三）
森田健司編訳・校註・解説『現代語訳　墨夷応接録』（作品社・二〇一八）
石井良助編『太政官日誌（全十二冊）』（東京堂出版・一九八〇〜八五）
多田好問編『岩倉公實記（全三巻）』（岩倉公舊蹟保存會・一九二七）
鈴木棠三・小池章太郎編『藤岡屋日記（全十五巻）』（三一書房・一九八七〜九五）
近世史料研究会編『江戸町触集成（全二十二巻）』（塙書房・一九九四〜二〇一二）
宮崎十三八編『会津戊辰戦争史料集』（新人物往来社・一九九一）

明治ニュース事典編纂委員会・毎日コミュニケーションズ出版部編『明治ニュース事典（全九冊）』（毎日コミュニケーションズ・一九八三〜八六）
文部省編『学制百年史』（帝国地方行政学会・一九七二）

《全般：明治維新観》

田中彰『明治維新観の研究』（北海道大学図書刊行会・一九八七）
宮澤誠一『明治維新の再創造――近代日本の〈起源神話〉』（青木書店・二〇〇五）
池田敬正「明治維新観の変遷をめぐって」、『社會問題研究（十五巻3・4号）』（大阪社会事業短期大学社会問題研究会・一九六五）所収

《全般：幕末・維新史》

石井孝『増訂　明治維新の国際的環境（全三巻）』（吉川弘文館・一九七三）
東洋文化協会編『幕末・明治・大正　回顧八十年史（全二十四輯）』（東洋文化協会・一九三三〜三五）
井上勝生『幕末・維新』（岩波新書・二〇〇六）
井上勝生『開国と幕末変革』（講談社学術文庫・二〇〇九）
青山忠正『明治維新』（吉川弘文館・二〇一二）
青山忠正『明治維新を読みなおす』（清文堂出版・二〇一七）
菊地明・伊東成郎編『改訂新版　戊辰戦争全史（上・下）』（戎光祥出版・二〇一八）
新人物往来社編『三百藩戊辰戦争事典（上・下）』（新人物往来社・二〇〇〇）

東京日日新聞社会部編『戊辰物語』（岩波文庫・一九八三）
旧事諮問会編、進士慶幹校注『旧事諮問録（上・下）』（岩波文庫・一九八六）
柴田宵曲編『幕末の武家』（青蛙房・一九六五）
横瀬夜雨『史料　維新の逸話――太政官時代』（人物往来社・一九六八）
河野桐谷『江戸は過ぎる――史話』（新人物往来社・一九六九）
南和男『維新前夜の江戸庶民』（教育社・一九八〇）
山城滋『維新の残り火・近代の原風景』（弦書房・二〇二〇）

《全般：その他》

笹山晴生・佐藤信・五味文彦・高埜利彦他著『詳説日本史（改訂版）』（山川出版社・二〇一九）
清水勲編著『江戸戯画事典』（臨川書店・二〇一二）
吉原健一郎『落書というメディア――江戸民衆の怒りとユーモア』（教育出版・一九九九）
明田鉄男編『幕末維新全殉難者名鑑（全四巻）』（新人物往来社・一九八六）
池田正一郎『日本災変通志』（新人物往来社・二〇〇四）

【はじめに】

今泉みね『名ごりの夢――蘭医桂川家に生れて』（東洋文庫・一九六三）

【第一章】

高木俊輔『維新史の再発掘――相楽総三と埋もれた草莽たち』（ＮＨＫブックス・一九七〇）

毛利敏彦『幕末維新と佐賀藩――日本西洋化の原点』(中公新書・二〇〇八)
新渡戸稲造著・山本博文訳『現代語訳　武士道』(ちくま新書・二〇一〇)
奈倉哲三『絵解き　幕末諷刺画と天皇』(柏書房・二〇〇七)
奈倉哲三『諷刺眼維新変革――民衆は天皇をどう見ていたか』(校倉書房・二〇〇四)
南和男『幕末江戸の文化――浮世絵と風刺画』(塙書房・一九九八)
南和男『江戸の風刺画』(吉川弘文館・一九九七)
南和男『幕末維新の風刺画』(吉川弘文館・一九九九)
野口武彦『鳥羽伏見の戦い――幕府の命運を決した四日間』(中公新書・二〇一〇)
高村光雲『幕末維新懐古談』(岩波文庫・一九九五)

【第二章】
篠田鉱造『増補　幕末百話』(岩波文庫・一九九六年)
西郷隆盛全集編集委員会編『西郷隆盛全集(全六巻)』(大和書房・一九七六～一九八〇)
高木俊輔『明治維新草莽運動史』(勁草書房・一九七四)
西澤朱実編『相楽総三・赤報隊史料集』(マツノ書店・二〇〇八)
長谷川伸『相楽総三とその同志』(講談社学術文庫・二〇一五)
安藤英男編『河井継之助のすべて』(新人物往来社・一九九七)
稲川明雄『シリーズ藩物語　長岡藩』(現代書館・二〇〇四)
新潟日報社「戊辰戦争140年　中越の記憶」取材班『戊辰戦争140年　中越の記憶』(新潟日報事業社・二〇〇九)

新人物往来社編『松平定敬のすべて』（新人物往来社・一九九八）
水谷憲二『戊辰戦争と「朝敵」藩――敗者の維新史』（八木書店・二〇一一）
水谷憲二『「朝敵」から見た戊辰戦争――桑名藩・会津藩の選択』（洋泉社・二〇一二）
郡義武『桑名藩戊辰戦記』（新人物往来社・一九九六）
郡義武『シリーズ藩物語　桑名藩』（現代書館・二〇〇九）
河北新報社編集局編『奥羽の義』（河北新報出版センター・二〇一九）
郡義武『秋田・庄内戊辰戦争』（新人物往来社・二〇〇一）
綱淵謙錠他『幕末の悲劇の会津藩主　松平容保』（新人物文庫・二〇一三）
会津史談会『幕末最大の激戦　会津戦争のすべて』（新人物文庫・二〇一三）
阿達義雄『会津　鶴ヶ城の女たち（改訂）』（歴史春秋社・二〇〇九）
谷林博『世良修蔵』（マツノ書店・二〇〇一）
葛西富夫『会津・斗南藩史』（東洋書院・一九九二）
石光真人編著『ある明治人の記録――会津人柴五郎の遺書（改版）』（中公新書・二〇一七）
阿部博行『庄内藩の戊辰戦争』（荘内日報社・二〇一九）
坂本守正『七星旗の征くところ――庄内藩戊辰の役』（荘内日報社・一九九六）
坂本守正『酒井玄蕃の明治』（荘内人物史研究会・一九八二）
郡義武『秋田・庄内戊辰戦争』（新人物往来社・二〇〇一）
佐藤三郎『庄内藩酒井家』（中央書院・一九七五）

【第三章】

頭山満『幕末三舟伝』(大日本雄弁会講談社・一九三〇)
松浦玲『勝海舟』(筑摩書房・二〇一〇)
江藤淳・松浦玲編『氷川清話』(講談社学術文庫・二〇〇〇)
江藤淳・松浦玲編『海舟語録』(講談社学術文庫・二〇〇四)
勝小吉著、勝部真長編『夢酔独言　他』(東洋文庫・一九六九)
葛生能久『高士山岡鉄舟』(黒龍会出版部・一九二九)
山岡鉄舟著、高野澄編訳『山岡鉄舟　剣禅話』(タチバナ教養文庫・二〇〇三)
勝部真長編『新版　武士道――文武両道の思想』(大東出版社・一九九七)
小島英熙『山岡鉄舟』(日本経済新聞社・二〇〇二)
千葉弥一郎著・西脇康編著『新徴組の真実にせまる――最後の組士が証言する清河八郎・浪士組・新選組・新徴組』(文学通信・二〇一八)
安部正人編『泥舟遺稿――伝記・高橋泥舟』(大空社・一九九七)
岩下哲典編著『高橋泥舟――高邁なる幕臣』(教育評論社・二〇一二)
坂本多加雄『明治国家の建設　1871〜1890』(中公文庫・二〇一二)
福沢諭吉『明治十年丁丑公論・瘠我慢の説』(講談社学術文庫・一九八五)
加茂儀一『榎本武揚』(中公文庫・一九八八)
秋岡伸彦『ドキュメント　榎本武揚――明治の「読売」記事で検証』(東京農業大学出版会・二〇〇三)
加茂儀一編集・解説『資料　榎本武揚』(新人物往来社・一九六九)・

黒瀧秀久『榎本武揚と明治維新――旧幕臣の描いた近代化』（岩波ジュニア新書・二〇一七）
合田一道『古文書にみる榎本武揚　思想と生涯』（藤原書店・二〇一四）
渋沢栄一編、大久保利謙校訂『昔夢会筆記――徳川慶喜公・談』（東洋文庫・一九六六）
渋沢栄一編・藤井貞文編『徳川慶喜公伝（全四巻）』（東洋文庫・一九六七～六八）
松浦玲『徳川慶喜――将軍家の明治維新（増補版）』（中公新書・一九九七）
野口武彦『慶喜のカリスマ』（講談社・二〇一三）

【第四章】

福地源一郎著、石塚裕道校注『幕府衰亡論』（東洋文庫・一九六七）
鳥海靖『逆賊と元勲の明治』（講談社学術文庫・二〇一一）
落合弘樹『秩禄処分――明治維新と武家の解体』（講談社学術文庫・二〇一五）
内山惣十郎『明治はいから物語』（人物往来社・一九六八）
山住正己『日本教育小史』（岩波新書・一九八七）
大久保利謙『明治維新の政治過程（大久保利謙著作集一）』（吉川弘文館・一九八六）
松尾正人『木戸孝允』（吉川弘文館・二〇〇七）
一坂太郎『木戸孝允――「勤王の志士」の本音と建前』（山川出版社・二〇一〇）
佐々木克監修『大久保利通』（講談社学術文庫・二〇〇四）
毛利敏彦『大久保利通』（中公新書・一九六九）
勝田政治『大政事家　大久保利通――近代の設計者』（角川ソフィア文庫・二〇一五）
佐々木克『大久保利通――明治維新と志の政治家』（山川出版社・二〇〇九）

西郷隆盛全集編集委員会編『西郷隆盛全集（全六巻）』（大和書房・一九七六〜八〇）
勝田孫彌『西郷隆盛傳　復刻版』（マツノ書店・二〇〇七）
猪飼隆明『西郷隆盛――西南戦争への道』（岩波新書・一九九二）
五代夏夫編『西郷隆盛のすべて』（新人物往来社・一九八五）
山口宗之『西郷隆盛』（明徳出版社・一九九三）
御厨貴『明治国家の完成――1890〜1905』（中公文庫・二〇一二）
瀧井一博『伊藤博文――知の政治家』（中公新書・二〇一〇）
小松緑編『伊藤公直話』（千倉書房・一九三六）
瀧井一博編『伊藤博文演説集』（講談社学術文庫・二〇一一）
伊藤之雄『元老――近代日本の真の指導者たち』（中公新書・二〇一六）

【第五章】

今井宇三郎・瀬谷義彦・尾藤正英編『日本思想大系五十三　水戸学』（岩波書店・一九七三）
田中惣五郎『明治維新運動人物考』（東洋書館・一九四一）
吉田俊純『水戸学と明治維新』（吉川弘文館・二〇〇三）
萩原正太郎編『勤王烈士伝』（頌功社・一九〇六）
安藤英男『雲井龍雄詩傳』（明治書院・一九六七）
高木藤太郎編著『雲井龍雄と釈大俊』（高木藤太郎・一九三〇）
高島真『謀殺された志士　雲井龍雄――また蒼昊に訴えず』（歴史春秋社・二〇〇三）
内山正熊『神戸事件――明治外交の出発点』（中公新書・一九八三）

根本克夫『検証　神戸事件』（創芸出版・一九九〇）
朝比奈美知子編訳・増子博調解説『フランスから見た幕末維新――「イリュストラシオン日本関係記事集」から』（東信堂・二〇〇四）
三浦周行監修・堺市編『堺市史（第三巻 本編第三）』（堺市役所・一九三〇）
佐々木甲象『泉州堺土藩士烈挙実紀――妙国寺の切腹』（土佐史談会・一九七九）
プティ・トゥアール著・森本英夫訳『フランス艦長の見た堺事件』（新人物往来社・一九九三）
A・B・ミットフォード著・長岡祥三訳『英国外交官の見た幕末維新――リーズデイル卿回想録』（講談社学術文庫・一九九八）
田原嗣郎・関晃・佐伯有清・芳賀登編『日本思想大系五十　平田篤胤・伴信友・大国隆正』（岩波書店・一九七三）
源了圓「横井小楠における『開国』と『公共』思想の形成」、『日本學士院紀要（第五十七巻第三號）』（日本學士院・二〇〇三）所収
田原嗣郎「幕末国学思想の一類型――大国隆正についての断面的考察」、『史林（第四十四巻一号）』（史学研究会・一九六一）所収
村上重良『国家神道』（岩波新書・一九七〇）
山岸義夫『アメリカ膨張主義の展開』（勁草書房・一九九五）
隅谷三喜男『日本の歴史二十二　大日本帝国の試練』（中央公論社・一九六六）

【おわりに】

トク・ベルツ編、菅沼竜太郎訳『ベルツの日記（上・下）』（岩波文庫・一九七九）

本書は二〇一六年に洋泉社より『明治維新という幻想――暴虐の限りを尽くした新政府軍の実像』（歴史新書y）として刊行されました。文庫化にあたり、改題し、全体に大幅な修正や加筆を施した上で、第五章を書き下ろしました。

本書の歴史資料からの引用文では、現代においては不適切な語句や表現が用いられている場合があります。当時の時代状況を反映するものとして原文のまま引用していますことを、ご了承下さい。

（編集部）

明治維新　偽りの革命
教科書から消された真実

二〇二一年　八　月一〇日　初版印刷
二〇二一年　八　月二〇日　初版発行

著　者　森田健司
発行者　小野寺優
発行所　株式会社河出書房新社
〒一五一-〇〇五一
東京都渋谷区千駄ヶ谷二-三二-二
電話〇三-三四〇四-八六一一（編集）
〇三-三四〇四-一二〇一（営業）
https://www.kawade.co.jp/

ロゴ・表紙デザイン　粟津潔
本文フォーマット　佐々木暁
印刷・製本　中央精版印刷株式会社

Printed in Japan　ISBN978-4-309-41833-9

維新風雲回顧録　最後の志士が語る

田中光顕　41031-9

吉田東洋暗殺犯のひとり那須信吾の甥。土佐勤皇党に加盟の後脱藩、長州に依り、中岡慎太郎の陸援隊を引き継ぐ。国事に奔走し、高野山義挙に参加、維新の舞台裏をつぶさに語った一級史料。

吉田松陰

古川薫　41320-4

2015年NHK大河ドラマは「花燃ゆ」。その主人公・文の兄が、維新の革命家吉田松陰。彼女が慕った実践の人、「至誠の詩人」の魂を描き尽くす傑作小説。

五代友厚

織田作之助　41433-1

ＮＨＫ朝の連ドラ「あさが来た」のヒロインの縁故者、薩摩藩の異色の開明派志士の生涯を描くオダサク異色の歴史小説。後年を描く「大阪の指導者」も収録する決定版。

幕末の動乱

松本清張　40983-2

徳川吉宗の幕政改革の失敗に始まる、幕末へ向かって激動する時代の構造変動の流れを深く探る書き下ろし、初めての文庫。清張生誕百年記念企画、坂本龍馬登場前夜を活写。

熊本城を救った男　谷干城

嶋岡晨　41486-7

幕末土佐藩の志士・谷干城は、西南戦争で熊本鎮台司令長官として熊本城に籠城、薩軍の侵攻を見事に食い止めた。反骨・憂国のリベラリスト国士の今日性を描く。

安政三天狗

山本周五郎　41643-4

時は幕末。ある長州藩士は師・吉田松陰の密命を帯びて陸奥に旅発った。当地での尊皇攘夷運動を組織する中で、また別の重要な目的が！　時代伝奇長篇、初の文庫化。

赤穂義士 忠臣蔵の真相

三田村鳶魚 41053-1

美談が多いが、赤穂事件の実態はほんとのところどういうものだったのか、伝承、資料を綿密に調査分析し、義士たちの実像や、事件の顚末、庶民感情の事際を鮮やかに解き明かす。鳶魚翁の傑作。

新選組全隊士徹底ガイド 424人のプロフィール

前田政紀 40708-1

新選組にはどんな人がいたのか。大幹部、十人の組長、監察、勘定方、伍長、そして判明するすべての平隊士まで、動乱の時代、王城の都の治安維持につとめた彼らの素顔を追う。隊士たちの生き方・死に方。

藩と日本人 現代に生きる〈お国柄〉

武光誠 41348-8

加賀、薩摩、津軽や岡山、庄内などの例から、大小さまざまな藩による支配がどのようにして〈お国柄〉を生むことになったのか、藩単位の多様な文化のルーツを歴史の流れの中で考察する。

差別の近現代史

塩見鮮一郎 41761-5

人が人を差別するのはなぜか。どうしてこの現代にもなくならないのか。近代以降、欧米列強の支配を強く受けた、幕末以降の日本を中心に、50余のQ＆A方式でわかりやすく考えなおす。

弾左衛門とその時代

塩見鮮一郎 40887-3

幕藩体制下、関八州の被差別民の頭領として君臨し、下級刑吏による治安維持、死牛馬処理の運営を担った弾左衛門とその制度を解説。被差別身分から脱したが、職業特権も失った維新期の十三代弾左衛門を詳説。

吉原という異界

塩見鮮一郎 41410-2

不夜城「吉原」遊廓の成立・変遷・実態をつぶさに研究した、画期的な書。非人頭の屋敷の横、江戸の片隅に囲われたアジールの歴史と民俗。徳川幕府の裏面史。著者の代表傑作。

異形にされた人たち

塩見鮮一郎　40943-6

差別・被差別問題に関心を持つとき、避けて通れない考察をここにそろえる。サンカ、弾左衛門から、別所、俘囚、東光寺まで。近代の目はかつて差別された人々を「異形の人」として、「再発見」する。

海に生きる人びと

宮本常一　41383-9

宮本常一の傑作『山に生きる人びと』と対をなす、日本人の祖先・海人たちの移動と定着の歴史と民俗。海の民の漁撈、航海、村作り、信仰の記録。

山に生きる人びと

宮本常一　41115-6

サンカやマタギや木地師など、かつて山に暮らした漂泊民の実態を探訪・調査した、宮本常一の代表作初文庫化。もう一つの「忘れられた日本人」とも。没後三十年記念。

辺境を歩いた人々

宮本常一　41619-9

江戸後期から戦前まで、辺境を民俗調査した、民俗学の先駆者とも言える四人の先達の仕事と生涯。千島、蝦夷地から沖縄、先島諸島まで。近藤富蔵、菅江真澄、松浦武四郎、笹森儀助。

江戸の牢屋

中嶋繁雄　41720-2

江戸時代の牢屋敷の実態をつぶさに綴る。囚獄以下、牢の同心、老名主以下の囚人組織、刑罰、脱獄、流刑、解き放ち、かね次第のツル、甦生施設の人足寄場などなど、牢屋敷に関する情報満載。

江戸の都市伝説　怪談奇談集

志村有弘〔編〕　41015-9

あ、あのこわい話はこれだったのか、という発見に満ちた、江戸の不思議な都市伝説を収集した決定版。ハーンの題材になった「茶碗の中の顔」、各地に分布する飴買い女の幽霊、「池袋の女」など。

江戸の性愛学

福田和彦　47135-8

性愛の知識普及にかけては、日本は先進国。とりわけ江戸時代には、この種の書籍の出版が盛んに行われ、もてはやされた。『女大学』のパロディ版を始め、初夜の心得、性の生理学を教える数々の性愛書を紹介。

性・差別・民俗

赤松啓介　41527-7

夜這いなどの村落社会の性民俗、祭りなどの実際から部落差別の実際を描く。柳田民俗学が避けた非常民の民俗学の実践の金字塔。

家光は、なぜ「鎖国」をしたのか

山本博文　41539-0

東アジア情勢、貿易摩擦、宗教問題、特異な為政者——徳川家光政権時に「鎖国」に至った道筋は、現在の状況によく似ている。世界的にも「内向き」傾向の今、その歴史の流れをつかむ。

伊能忠敬　日本を測量した男

童門冬二　41277-1

緯度一度の正確な長さを知りたい。55歳、すでに家督を譲った隠居後に、奥州・蝦夷地への測量の旅に向かう。艱難辛苦にも屈せず、初めて日本の正確な地図を作成した晩熟の男の生涯を描く歴史小説。

完全版　名君　保科正之

中村彰彦　41443-0

未曾有の災害で焦土と化した江戸を復興させた保科正之。彼が発揮した有事のリーダーシップ、膝元会津藩に遺した無私の精神、知足を旨とした暮し、武士の信念を、東日本大震災から五年の節目に振り返る。

徳川秀忠の妻

吉屋信子　41043-2

お市の方と浅井長政の末娘であり、三度目の結婚で二代将軍・秀忠の正妻となった達子（通称・江）。淀殿を姉に持ち、千姫や家光の母である達子の、波瀾万丈な生涯を描いた傑作！

真田幸村　英雄の実像

山村竜也　41365-5

徳川家康を苦しめ「日本一の兵（つわもの）」と称えられた真田幸村。恩顧ある豊臣家のために立ち上がり、知略を駆使して戦い、義を貫き散った英雄の実像を、多くの史料から丹念に検証しその魅力に迫る。

戦国の尼城主 井伊直虎

楠木誠一郎　41476-8

桶狭間の戦いで、今川義元軍として戦死した井伊直盛のひとり娘で、幼くして出家し、養子直親の死後、女城主として徳川譜代を代表する井伊家発展の礎を築いた直虎の生涯を描く小説。大河ドラマ主人公。

信玄軍記

松本清張　40862-0

海ノ口城攻めで初陣を飾った信玄は、父信虎を追放し、諏訪頼重を滅ぼし、甲斐を平定する。村上義清との抗争、宿命の敵上杉謙信との川中島の決戦……。「風林火山」の旗の下、中原を目指した英雄を活写する。

完全版　本能寺の変　431年目の真実

明智憲三郎　41629-8

意図的に曲げられてきた本能寺の変の真実を、明智光秀の末裔が科学的手法で解き明かすベストセラー決定版。信長自らの計画が千載一遇のチャンスとなる⁉　隠されてきた壮絶な駆け引きのすべてに迫る！

戦国廃城紀行

澤宮優　41692-2

関ヶ原などで敗れた敗軍の将にも、名将はあり名城を築いた。三成の佐和山城から光秀の坂本城まで、十二将十三城の歴史探索行。図版多数で送る廃城ブームの仕掛け人の決定版。

天下奪回

北沢秋　41716-5

関ヶ原の戦い後、黒田長政と結城秀康が手を組み、天下獲りを狙う戦国歴史ロマン。50万部を超えたベストセラー〈合戦屋シリーズ〉の著者による最後の時代小説がついに文庫化！

太平洋戦争全史

太平洋戦争研究会　池田清〔編〕　40805-7

膨大な破壊と殺戮の悲劇はなぜ起こり、どのような戦いが繰り広げられたか——太平洋戦争の全貌を豊富な写真とともに描く決定版。現代もなお日本人が問い続け、問われ続ける問題は何かを考えるための好著。

満州帝国

太平洋戦争研究会〔編著〕　40770-8

清朝の廃帝溥儀を擁して日本が中国東北の地に築いた巨大国家、満州帝国。「王道楽土・五族協和」の旗印の下に展開された野望と悲劇の四十年。前史から崩壊に至る全史を克明に描いた決定版。図版多数収録。

日中戦争の全貌

太平洋戦争研究会〔編〕　森山康平　40858-3

兵力三百万を投入し、大陸全域を戦場にして泥沼の戦いを続けた日中戦争の全貌を詳細に追った決定版。盧溝橋事件から南京、武漢、広東の攻略へと際限なく進軍した大陸戦を知る最適な入門書。

第二次世界大戦

上山春平／三宅正樹　47182-2

第二次世界大戦の見えにくい原因を、ベルサイユ体制から明解に分析し、枢軸側は「悪玉」であり、連合国側は「善玉」であるという通念を破る大戦原因論の鋭説。ここに国際政治力学のダイナミズムがある！

激闘駆逐艦隊

倉橋友二郎　41465-2

太平洋戦争南方戦線での、艦隊護衛、輸送の奮闘記。涼月では、砲術長として、大和海上特攻にも参加、悪戦苦闘の戦いぶりの克明詳細な記録である。

特攻

太平洋戦争研究会〔編〕　森山康平　40848-4

起死回生の戦法が、なぜ「必死体当たり特攻」だったのか。二十歳前後の五千八百余名にのぼる若い特攻戦死者はいかに闘い、散っていったのかを、秘話や全戦果などを織り交ぜながら描く、その壮絶な全貌。

大日本帝国最後の四か月

迫水久常　41387-7

昭和二〇年四月鈴木貫太郎内閣発足。それは八・一五に至る激動の四か月の始まりだった——。対ソ和平工作、ポツダム宣言受諾、終戦の詔勅草案作成、近衛兵クーデター……内閣書記官長が克明に綴った終戦。

東京裁判の全貌

太平洋戦争研究会〔編〕　平塚柾緒　40750-0

戦後六十年——現代に至るまでの日本人の戦争観と歴史意識の原点にもなった極東国際軍事裁判。絞首刑七名、終身禁固刑十六名という判決において何がどのように裁かれたのか、その全経過を克明に解き明かす。

戦後史入門

成田龍一　41382-2

「戦後」を学ぶには、まずこの一冊から！　占領、55年体制、高度経済成長、バブル、沖縄や在日コリアンから見た戦後、そして今——これだけは知っておきたい重要ポイントがわかる新しい歴史入門。

身ぶりとしての抵抗　鶴見俊輔コレクション2

鶴見俊輔　黒川創〔編〕　41180-4

戦争、ハンセン病の人びととの交流、ベ平連、朝鮮人・韓国人との共生……。鶴見の社会行動・市民運動への参加を貫く思想を読み解くエッセイをまとめた初めての文庫オリジナルコレクション。

天皇と日本国憲法

なかにし礼　41341-9

日本国憲法は、世界に誇る芸術作品である。人間を尊重し、戦争に反対する。行動の時は来た。平和への願いを胸に、勇気を持って歩き出そう。癌を克服し、生と死を見据えてきた著者が描く人間のあるべき姿。

日本

姜尚中／中島岳志　41104-0

寄る辺なき人々を生み出す「共同体の一元化」に危機感をもつ二人が、日本近代思想・運動の読み直しを通じて、人々にとって生きる根拠となる居場所の重要性と「日本」の形を問う。震災後初の対談も収録。